Rüdiger Wurr /Irene Dittrich

Straßensozialarbeit
und
Jugendgewalt

Erfahrungen und Schlußfolgerungen

aus Modellprojekten in Schleswig-Holstein

Die Deutsche Bibliothek - CIP-Einheitsaufnahme

Wurr, Rüdiger:
Strassensozialarbeit und Jugendgewalt :
Erfahrungen und Schlussfolgerungen aus Modellprojekten
in Schleswig-Holstein / Rüdiger Wurr/Irene Dittrich. -
Kiel : Agimos-Verl., 1997

© by agimos verlag, Kiel 1997
1. Auflage 1997

ISBN 3-931903-10-9

Rüdiger Wurr /Irene Dittrich

Straßensozialarbeit und Jugendgewalt

Erfahrungen und Schlußfolgerungen
aus Modellprojekten in Schleswig-Holstein

Inhaltsverzeichnis

Vorwort des Innenministers des Landes Schleswig-Holstein

Intoleranz, Ausländerfeindlichkeit und Rassismus sind in unserer Gesellschaft nach wie vor virulent. Rechtsextremistisches Gedankengut ist noch in zu vielen Köpfen vorhanden. Die Ausgrenzung der Andersartigen, des Fremden, und die Suche nach Sündenböcken für eigene Perspektivlosigkeit und Zukunftsängste sind Reaktionen auf gesellschaftliche Veränderungsprozesse, auf Problem- und Konfliktlagen. Wir wissen, daß Jugendliche und Heranwachsende eher dazu neigen, Aggressionen auszuleben, tatschliche oder vermeintliche Probleme mit Gewalt zu lösen, anstatt Konflikte durch Kompromisse zu schlichten. Es kann daher nicht verwundern, daß auch fremdenfeindliche Straftaten zu mehr als einem Drittel von unter 18jährigen begangen werden.

Die mit großem Nachdruck betriebene strafverfolgende Tätigkeit von Polizei und Justiz ist zwar ein wichtiger Beitrag, um dieser besonders häßlichen Art von Kriminalität zu begegnen. Aber die Ahndung bereits geschehener Taten kann nur der eine Aspekt gesellschaftlicher Reaktion sein. Wichtiger noch als Repression ist Prävention, denn Polizei und Justiz können die vielfältigen Ursachen auch dieser Kriminalitätsform nicht beseitigen.

Ich begrüße deshalb die Durchführung des Streetwork-Programms, mit dem durch aufsuchende Straßensozialarbeit versucht wird, eine Verminderung der Gewaltbereitschaft rechtsorientierter Jugendlicher zu erreichen. Die Ergebnisse der wissenschaftlichen Begleitung belegen, daß der beschrittene Weg die erhofften Erfolge ermöglicht, und insofern waren die vom Innenministerium hierfür aufgebrachten Mittel gut angelegt.

Besonders erfreut bin ich darüber, daß vor Ort ein ständiger Dialog zwischen Streetworkern und der Polizei in Gang gebracht werden konnte und die konkrete Zusammenarbeit zu einem abgestimmten Handeln im Interesse der Zielgruppe führte, also im Interesse des Abbaus von Gewaltbereitschaft und Gewaltanwendung. Wo Sozialarbeit erfolgreich ist, braucht die Polizei nicht mehr einzuschreiten. Die beste Kriminalpolitik ist nach wie vor eine gute Sozialpolitik.

In diesem Sinne wünsche ich der Fortsetzung des Streetwork-Präventionsprogramms an den bisherigen Standorten gutes Gelingen und hoffe, daß dieses Vorbild auch in anderen Bereichen Schule macht.

Dr. Ekkehard Wienholz

Vorwort der Ministerin für Frauen, Jugend, Wohnungs- und Städtebau

Die Jugenddiskussion ist nach den furchtbaren rechtsextremistischen Anschlägen in Hoyerswerda, Rostock, Solingen, Mölln und Lübeck in den Jahren 1992 und 1993, sowie nach der deutlichen Zunahme von Nachfolgetaten in den Tagen und Wochen nach diesen Anschlägen, in erheblichem Umfang zu einer Gewaltdiskussion geworden. Auch wenn festgestellt wurde, daß Gewaltbereitschaft, Gewaltausübung und Fremdenfeindlichkeit keine spezifischen, typischen und generellen Jugendprobleme darstellen, läßt sich doch vermuten, daß hier neben allgemeinen Problemen der gesellschaftlichen Wertevermittlung auch belastende, weil defizitäre, soziale und erzieherische Bedingungen in der Lebenswirklichkeit von Kindern und Jugendlichen wirksam werden. Wissenschaftliche Untersuchungen belegen eine erhöhte Aggressivität und brutalere ungehemmte Formen der Auseinandersetzung, insbesondere bei Teilen der Kinder und Jugendlichen aus problembelasteten Gebieten. Auch wenn in diesem Zusammenhang keine eindeutige Ursachen-Wirkungszusammenhänge hergestellt werden können, sind doch kausale Zusammenhänge zu tiefgreifenden gesellschaftlichen Veränderungen und Prozesse der sozialen Desintegration, wie die Auflösung des stützenden sozialen Milieus, Lockerung von Familienbindungen, Individualisierung, etc., sowie das Schwinden gemeinsamer Norm- und Werteorientierungen erkennbar.

Vor diesem oben erwähnten Hintergrund und der angespannten Ausgangssituation in den Jahren 1992 und 1993 kam es auf Landesebene zur Konzipierung eines „Streetwork-Programmes". Damit wollte die Jugendhilfe ihren spezifischen Beitrag zur Reduzierung von Phänomenen von Gewalt und Fremdenfeindlichkeit leisten, ohne zu glauben, diese Maßnahme allein wäre die Lösung aller Probleme. Das

Streetwork-Programm war deshalb eingebunden in ein ganzes Bündel von Maßnahmen der Landesregierung, das unter dem Stichwort „Aktionsprogramm: Innere Sicherheit und soziale Integration" entwickelt worden ist.

Für drei in besonderer Weise betroffene Standorte - den Kreis Herzogtum-Lauenburg mit seiner Nähe zur Metropole Hamburg, die Stadt Lübeck, die durch mehrfache Anschläge in der Vergangenheit belastet war und ist, und den Raum Rendsburg, ein Treffpunkt für eine rechtsextremistische Jugend- und Erwachsenenszene - wurden mit Bedacht je zwei Streetworker ausgewählt, um gezielt gewaltbereite und rechtsextremistische Jugendcliquen anzusprechen.

Ausgehend von der Hypothese, daß komplexe gesellschaftliche Problemlagen, die sich in individuellen Fehlentwicklungen symptomatisch zeigen, nur im Zusammenwirken möglichst vieler gesellschaftlicher Kräfte gelöst werden können, sollte die Kooperation mit sozialen Diensten, gemeinwesenorientierten Einrichtungen, Polizei, Schule etc. gesucht werden.

Eine interministerielle Zusammenarbeit mit dem Innenministerium versetzte uns in die glückliche Lage, die Streetwork-Projekte wissenschaftlich beraten und begleiten zu lassen. Dabei lag neben der kontinuierlichen Begleitung und Beratung der Streetworker und der Unterstützung bei der Weiterentwicklung der Einzelkonzeptionen ein Schwergewicht bei der Initiierung und Unterstützung der Kooperation mit Einrichtungen vor Ort, wie der Polizei, der Staatsanwaltschaft, sozialen Diensten, Schulen etc.

Daraus resultierend war ein Hauptziel der wissenschaftlichen Auswertung die Verifizierung oder Falsifizierung der Hypothese, daß Streetwork sich als geeignete Methode erweist, um diejenigen Kinder und Jugendlichen zu erreichen, die anderen Hilfen kaum zu-

gänglich sind, um daraus Handreichungen für Überlegungen und
Entscheidungen auf der Ebene der örtlichen Jugendhilfeträger ab-
leiten zu können. In diesem Sinne dürfen Sie gespannt sein auf das
folgende Gutachten, welches Herr Prof. Dr. Wurr und Frau Dittrich
uns zu diesem Projekt und der o.g. begleitenden Fragestellung vor-
legten, wobei ich anmerken möchte - ohne dem Gutachten vorgrei-
fen zu wollen -daß aus meiner Sicht neben der geforderten
Fachlichkeit der Erfolg von Straßensozialarbeit, und das gilt sicherlich gleichermaßen für andere pädagogische Felder, von der
personalen Eignung der Streetworker abhängt.

Daß die Streetworkarbeit an allen drei Projektstandorten fortge-
setzt werden soll, möchte ich als deutliches Zeichen dafür werten,
daß durch das Streetwork-Programm positive Wirkungen ausgelöst
werden könnten.

Angelika Birk

Vorwort der Verfasser

Der folgende Bericht ist Frucht einer dreijährigen wissenschaftlichen Begleitung dreier Straßensozialarbeitsprojekte in Schleswig-Holstein. Die Projekte haben sich nicht abgeschottet. Es hat Treffen, Fortbildungsveranstaltungen und Arbeitsgemeinschaften mit Mitarbeitern[1] anderer Streetworkprojekte in Schleswig-Holstein und auch über diesen regionalen Rahmen hinaus gegeben, so daß manche empirische Erkenntnis durchaus projektübergreifend ist. Gleichwohl bilden „unsere" Projekte die primäre Erkenntnisquelle. Der besondere Charakter des Berichts ergibt sich

- aus der Verschiedenheit der Projektorte - im ländlich-kleinstädtischen Raum einerseits, im Stadtteil andererseits;
- aus unterschiedlichen und teils dramatischen Verläufen (und dem Bestreben, nichts „unter den Teppich zu kehren"),
- dem Vorhaben, nicht einfach Erfahrungen als positive oder negative zu dokumentieren, sondern zu Bewertungen und Schlußfolgerungen zu gelangen, die einer besseren Praxis der Straßensozialarbeit und offenen Jugendarbeit in der Zukunft zugute kommen sollen.

Denjenigen, die sich klare Aussagen über die Wünschbarkeit von Straßensozialarbeit erhoffen, kann gesagt werden, daß sich Straßensozialarbeit als sinnvoll überall dort erwiesen hat, wo sie

---

[1] Um der besseren Lesbarkeit willen verwenden wir im folgenden die eingeschlechtliche Form „Mitarbeiter", „Streetworker", „Pädagoge" u.ä.. Hierin sind ausdrücklich beide Geschlechter eingeschlossen. Und selbstverständlich ist keine Diskriminierung beabsichtigt. Abweichungen von diesem Sprachgebrauch indizieren eine besondere Bedeutung der Geschlechtsrolle im jeweiligen Zusammenhang.

ihrer Aufgabe gerecht wurde, nämlich sich gewaltbereiter, sozial benachteiligter, ethnisch diskriminierter und mannigfach gefährdeter Jugendlicher anzunehmen. Nur geschah dies eben nicht durchweg und überall zur Zufriedenheit, was vor allem mit persönlichen Voraussetzungen, aber auch mit Trägerkonstellationen zusammenhing. Kurz: Mit der Einrichtung von Stellen, Ausschreibung, Benennung eines Trägers, Zusicherung der Unterstützung, Zurücklehnen und Abwarten ist es nicht getan. Die Sache ist komplexer und nicht in zwei Schlagworten abzuhandeln.

Es gebührt den beiden beteiligten Ministerien Dank dafür, die Projekte und die Studie ermöglicht zu haben. Und es gebührt allen Interviewpartnern Dank, vor allem den Polizeien, den Ansprechpartnern in Justiz und Wissenschaft. Wir haben (fast immer) bereitwillige und aufgeschlossene Gesprächspartner gefunden. Unterstützung hat unsere Arbeit auch erfahren durch Absolventen des Fachbereichs Sozialwesen der Fachhochschule Kiel, die sich im Rahmen ihrer Examensarbeiten empirisch mit wesentlichen Fragen der Straßensozialarbeit auseinandergesetzt haben.

1. Straßensozialarbeit als Reaktion auf Veränderungen in der Jugendszene

Mit außerordentlich unangenehmen Erscheinungen von Jugend[2] haben wir es seit einigen Jahren in Deutschland zu tun: etwa mit Gruppen junger Männer, die sich saufend und grölend durch Fußgängerpassagen bewegen, Bushaltestellen und Spielplätze verunsichern, Anwohner und Passanten[3] durch ihr martialisches Outfit erschrecken, Leute anpöbeln und prügeln, mit Skins und Rechten, die Ausländer „platt machen", Hitlers Geburtstag „gebührend" feiern. Und manche scheinen vor Totschlag und Mord nicht zurückzuschrecken, wie u.a. die Brandanschläge auf Synagogen und Flüchtlingsheime zeigen.

Die spektakulären Fälle offenkundig „rechter", ausländerfeindlich motivierter Jugendgewalt waren Ausgangspunkt einer politischen Reaktion, die sich eine pädagogische Bewältigung des Problems durch „Streetworker"[4] erhoffte. Hiervon ist seit Anfang der 90er

---

[2] Jugend bzw. „Jugendliche" bezeichnet hier Mädchen und Jungen, Heranwachsende und „Jungerwachsene" im Alter von etwa 11 bis 25 Jahren. Inhaltlich steht Jugend als Oberbegriff für den Übergang von Kindheit ins Erwachsenenleben. So gesehen ist Jugend immer weniger eine Altersfrage, sondern eine Frage (noch mißlingender oder noch nicht gelungener) Integrationsleistungen.

[3] Wegen der grammatikalischen Form siehe Fußnote 1 im Vorwort.

[4] Streetwork als professioneller Arbeitsansatz mit Randgruppen (Drogenabhängigen, Nichtseßhaften, Strichern usw.) wird von Sozialarbeitern seit Ende der 60er/Anfang der 70er Jahre in der Bundesrepublik praktiziert. Der Ansatz folgt amerikanischem Vorbild, wo seit den 20er Jahren „street corner worker", „street gang worker" oder „detached worker" in den Großstädten ihre Arbeitsplätze an die informellen Treffpunkte jugendlicher Gangs verlegten. STEFFAN (1989) gibt einen Überblick über Streetworkprojekte mit unterschiedlichen Gruppen in verschiedenen Staaten.

Jahre besonders der Osten Deutschlands betroffen, wo es einen Boom einschlägiger Projekte gegeben hat.

Streetwork wird als *„letztes Mittel"* der Sozialarbeit,[5] als eine Form der *„sozialen Feuerwehr"* angesehen, die eingesetzt wird, die Szene zu befrieden und die Öffentlichkeit zu beruhigen.[6]

1.1 Begriffe

Die Kategorie *„Streetwork"* ist umstritten, ebenso wie die mehr oder minder synonym benutzten Begriffe *„Straßensozialarbeit"*, *„aufsuchende Jugendarbeit"*, *„mobile Jugendarbeit"*.[7] Gern streitet man sich darüber, ob es jeweils primär um die methodische Seite gehe oder auch um Motive und Ziele. So wird gelegentlich auf die „Schlepperfunktion" von Streetwork für an Klientenmangel leidende Einrichtungen hingewiesen.[8] Oder man schneidet den Begriff noch enger zu auf die *„Frage des Zugangs, der Kontaktaufnahmemöglichkeit zu ganz bestimmten Zielgruppen"*.[9]

Dem von uns verwendeten Begriff von Straßensozialarbeit nahe kommt GREF,[10] der eine Reihe konzeptioneller Prinzipien von „Streetwork" benennt:

• Zielgruppenorientierung,

---

[5] Im folgenden verwenden wir die Begriffe Sozialarbeit und Sozialpädagogik synonym.

[6] Das wird natürlich heftig kritisiert, z.B. von GREF (1995, S.11), der von der *„Befreiung des klassischen Jugendarbeitsangebotes von zweifelhaften Elementen"* redet: *„Streetwork für die Bösen, einrichtungsgebundene Jugendarbeit für die Guten".*

[7] Vgl. z.B. KIEBEL 1996, S.11.

[8] STEFFAN 1989, S. 11f.

[9] SPECHT 1987, S.37.

[10] GREF 1995, S.13.

- Versorgungsorientierung,
- Berücksichtigung gewachsener Szene- und Gruppenstrukturen,
- ganzheitlichen Arbeitsansatz,
- Hilfe bei der Lebensbewältigung,
- Beachtung spezifischer Bedingungen des Arbeitsfeldes und *„Street-Live"*.

Wir werden im folgenden die Begriffe *„Straßensozialarbeit"*, *„Streetwork"* synonym verwenden und mit *„aufsuchender"* Jugendarbeit ein methodisches Prinzip bezeichnen. Der von uns gebrauchte Begriff der *„Straßensozialarbeit"* bezeichnet ein *lebensweltnahes, niedrigschwelliges Angebot, das sich auf der fachlichen Grundlage der sogenannten „akzeptierenden Jugendarbeit"[11] an gewaltbereite, an sozial benachteiligte, stigmatisierte und/oder kriminalisierte Jugendliche wendet. Methodisches Prinzip ist es, die Klientel im Bedarfsfall an ihren (informellen) Treffpunkten aufzusuchen (bzw. ihr Aneignungsräume zu verschaffen). Ziel ist die Verbesserung der Lebensbewältigungschancen der Betroffenen und damit auch die Verhinderung bzw. Eindämmung ihrer gesellschaftlichen Aussonderung.*

Die *Jugendszenen*, von denen hier die Rede ist, namentlich gewaltbereite und rechtsorientierte Jugendcliquen, werden *von den herkömmlichen Einrichtungen* (örtlichen Sozialdiensten/Fachberatungsstellen und Einrichtungen der offenen Jugendarbeit) oft *nicht erreicht.*[12] Einerseits sprechen viele Jugendhäuser, Jugendzentren, Jugendtreffs mit ihren (eher mittelschichtsorientierten) Freizeitangeboten diese unbeliebte Zielgruppe nicht an. Andererseits wird diese häufig, wenn sie gelegentlich doch in einer solchen Einrichtung

---

[11] Vgl. Kapitel 6.
[12] BASSARAK (1995, S.54) geißelt sie als „sozialarbeiterfern".

„auftaucht", wegen ihres aggressiven und abweichenden Verhaltens ausgegrenzt, etwa per „Hausverbot".[13] Lediglich Polizei und Justiz „beschäftigen" sich noch mit ihnen.

Infolgedessen wird eine stärker zielgruppen- und stadtteilorientiert ausgerichtete Jugendarbeit[14] postuliert, die die Cliquen- und Szenestrukturen berücksichtigt und sich der *Alltagsbewältigung* ihrer jugendlichen Klientel zuwendet, deren *Orientierungs- und Hilfebedarf außer Frage* steht.

1.2 Strukturwandel von Kindheit und Jugend

Der Orientierungs- und Hilfebedarf von immer mehr Jugendlichen ist u.a. Konsequenz der Entwicklung moderner („Wissens"-) Gesellschaften, in denen Kindheit und Jugend einem Strukturwandel[15] mit folgenden Merkmalen unterliegen:

- der *zeitlichen Ausweitung der Jugendphase* nach oben und unten: Jugendliche werden immer jünger (unter elf) und bleiben länger „jung" (über 25);
- dem *Anspruch auf frühere und stärkere Autonomie*, verbunden mit dem Zwang, Entscheidungen treffen zu müssen, deren Konsequenzen nicht überschaut werden und

---

[13] Vgl. Baetcke u.a. (1990, S.34). Gref (1994, S.15) meint, es gebe wenig *„Chancen für Jugendliche, die stärker cliquen- und szenebezogen agieren als angebotsorientiert. Für sie sind selektierende (weil gewachsene Strukturen negierende) Hobby- und Neigungsgruppen zunächst weniger interessant als ein 'gelungener Alltag', der regelmäßige und feste Treffmöglichkeiten, Kontakte, Kommunikation, 'Action' und Spaß bieten muß."*

[14] Über unterschiedliche Konzeptionen in der Jugendarbeit gibt der Grundlagen-Reader von Krafeld (1994) Auskunft.

[15] Vgl. zum folgenden Schumann/Dittmann 1996, S.251ff.; Baetcke u.a. 1990, S.30ff.; Möller 1993a, S.336ff.; Stüwe 1993, S.343ff.; Heitmeyer 1993, S.109ff.; Simon 1995a, S.33ff.; Heitmeyer 1992, S.109ff.

die Betroffenen oft *überfordern*;
- der früheren Ablösung von der Familie und *Orientierung an außerfamiliären Szenen* und Milieus bei gleichzeitiger
- *längerer ökonomischer Abhängigkeit* von den Eltern;
- der angesichts von Wissens- und Wirtschaftsentwicklungen immer geringeren Planbarkeit und Verläßlichkeit von *Lebensentwürfen.*

So wird Jugend etwa *„als Sozialgruppe mit komplexen Problemen der Lebensbewältigung"*, die keinen *„Schonraum"* mehr hat, beschrieben, womit eine Errungenschaft der Industriegesellschaft, die die Massen-beschulung mit sich brachte, aufgehoben würde. Jugend gilt in dieser Auffassung nicht mehr nur als geschützte Übergangsphase von der Kindheit ins Erwachsenenalter, sondern als eigenständige Lebensphase.

Mancher diagnostiziert sogar einen Vorgang der *„zunehmenden Auflösung von Familienkindheit zugunsten einer modernisierten, familienunabhängigeren Kindheit".*[16] Diese ist durch einen Themenwandel gekennzeichnet: *„Standen früher Integrationskonflikte (z.B. was man zu tun hatte, wie man sich zu kleiden hatte, wie man sich Erwachsenen gegenüber zu verhalten hatte etc.) im Mittelpunkt des Kindes- und Jugendalters, so sind es heute vielfach existentielle Bewältigungskonflikte, welche den Alltag der Kinder bestimmen."*[17]

Dem mag so sein oder nicht - die Realität der Alltagsbewältigung von Arbeiterkindern bzw. Arbeiterjugend unter der Industrialisierung war gewiß kein Zuckerschlecken, und die Realität von kindlicher Fabrikarbeit hat ebenfalls mit „existentiellen Bewältigungs-

---

[16] SCHUMANN/DITTMANN 1996, S. 251.

[17] ebenda.

konflikten" zu tun - so scheint doch der Diagnose eines *komplizier-ter gewordenen Übergangs zum Erwachsenenalter* in der Risiko-gesellschaft Wahrheit innezuwohnen.

Wir skizzieren das Zusammenspiel verschiedener Faktoren knapp. Sieht man von den gesellschaftlichen Ursachen ab, hat Jugendar-beit es auf der personellen Ebene mit „alten Leiden" zu tun. Und es ist anzunehmen, daß *Defizite* und *„Verbiegungen"* der Persönlich-keitsstruktur mehr oder minder universell und zeitunabhängig sind. Wir zählen ihre häufigsten *Ursachen* auf, soweit sie im Bereich der *Erziehung* liegen, um anschließend den gesellschaftlichen Ursachen ihrer Massierung bei Teilen der Jugend nachzugehen:

- frühkindlicher Liebesmangel, häufiger Wechsel der Bezugspersonen mit Folge von sozialem Mißtrauen und Angst als vorherrschenden Motiven,
- autoritative Strenge mit der Folge von blinder Unterwerfungs- und Identifikationsbereitschaft,
- Bedürfnisunsicherheit infolge verwöhnender oder total kontrollierender Erziehungspraktiken, insbesondere auch
- Verdrängung und Unkontrollierbarkeit aggressiver Regungen (bei gleichzeitiger Verinnerlichung eines Haßmotivs),
- primärer und noch mehr sekundärer Vaterverlust in Form der Schwächung des Vaterbildes,
- mangelnder emotionaler Rückhalt von seiten der Mutter, aus beiden resultierend
- normative Orientierungsdefizite.[18]

---

[18] Früher war von „Moral" die Rede, die Behavioristen sprechen von „konformem Verhalten", die Psychoanalytiker vom Aufbau des „Über-Ich", die Sozial-wissenschaftler u.a. von „moralischer Orientierung", die in der Moderne eine Ten-denz zur Heterogenität und zum Plural hat.

Was aber sollte eine reiche, aufgeklärte Bildungsgesellschaft veranlassen, die Produktion derartiger Problemlagen zu massieren? Antwort erhalten wir etwa von der Theorie der *„Risikogesellschaft"* (ULRICH BECK).[19] Letztere ist durch einen *Individualisierungsschub* gekennzeichnet, der u.a. mit der Auflösung alter Familienstrukturen und Verantwortungen und - anscheinend - nicht selten mit mangelhafter oder „mißlingender" Erziehung einhergeht.

Insbesondere im Zusammenhang mit der Diskussion von „Rechtsextremismus-Potentialen" wird zudem auf den sogenannten *Milieuverlust,* nämlich die Auflösung von Nachbarschafts- und Klassenkulturen verwiesen, die dem *„gemeinschaftsentwurzelten"* Individuum nicht mehr wie in früheren Zeiten den Rücken stärke. (Das hier entwickelte Scenario ist allerdings ein eher städtisches, das in der Theorie u.a. durch anonyme Wohnsituationen gekennzeichnet ist.)[20]

Dem „Vorteil" des Individualisierungsschubes, nämlich *subjektiv größeren Entscheidungsspielräumen und Bedürfnisentfaltungsmöglichkeiten bei gleichzeitig geringerer sozialer Kontrolle,* stehen auf der Kostenseite *Leistungswettkampf und der Verlust an Gemeinschaftlichkeit* gegenüber.

Da die wirtschaftlichen und sozio-kulturellen Ungleichheiten zugleich nicht aufgelöst sind,[21] gibt es ein Verteilungsgefälle der Negativ-

---

[19] Wir folgen gern BECK (1986), der die Tendenzen der Risikogesellschaft sinnfällig gemacht hat.

[20] Das Denkmuster ist uralt und geht soziologisch auf FERDINAND TÖNNIES (Gemeinschaft und Gesellschaft) zurück. Am kulturkritischen Unterton hat sich in hundert Jahren nichts geändert. Im übrigen ist der Ansatz für die Entwicklungen im ländlichen Raum weniger erklärungsträchtig. Es geht alles in allem eher um die Diskrepanzen von alt und neu, von Wunsch und Wirklichkeit, und nach wie vor auch um Chancenverteilung.

[21] Weshalb die Diskrepanz zwischen Wünschen und Mitteln zu ihrer Befriedigung wächst.

faktoren im Sinne einer Kumulierung bei den unteren Sozial-schichten.[22] Auf den Jugendlichen aus sozial schwachen Milieus lastet der Selektions- und Flexibilitätsdruck am stärksten. Der Lebensweg der Eltern kann den Kindern aus vielerlei Gründen (schlechte oder veraltete Ausbildungen und Berufsqualifikationen, Zeitprobleme, fehlende Erziehungskompetenzen, Wertewandel und Werte-konkurrenz) oftmals nicht als Orientierungsmuster dienen.[23] Zugleich kann sich kaum ein Jugendlicher dem Profilierungs- und Konkurrenz-prinzip der Moderne schadlos entziehen. Kurz, der Zwang zur eigen-ständigen Lebensgestaltung und Identitätsentwicklung überfordert manche/n.

Die Orientierungs- und Integrationsprobleme verdichten sich öko-nomisch auf dem Arbeitsmarkt und im Berufsfindungsprozeß. Zu den Wandlungsvorgängen in der Risikogesellschaft gehören tech-nologische Veränderungen, Änderungen in Art und Ausmaß des An-gebots an Arbeitsplätzen, erschwerter Einstieg in die Erwerbstätig-keit und in der Folge „diskontinuierliche" Erwerbsbiografien.

Diese strukturellen Gegebenheiten (zu denen ein prinzipieller Rationalisierungsdruck gehört) werden für Teile der Jugend-population verschärft durch Konjunkturprobleme und Massenar-

---

[22] Der Symbolbegriff „untere Sozialschichten" soll hier auch den Vorgang der ge-sellschaftlichen „Unterschichtung" durch Arbeitsmigranten, Flüchtlinge und Asyl-bewerber umfassen.

[23] Um nicht den Eindruck einer Art „Klassenrassismus" aufkommen zu lassen, ver-weisen wir darauf, daß wir hier lediglich *Risikofaktoren* aufzählen. Die deutsche Arbeiterschaft ist berüchtigt fleißig und zivil, was absolut nicht in Frage gestellt werden soll. Das hat übrigens u.a. massenhafte intergenerative Aufstiegsvorgänge zur Folge, die sich parallel zur technologischen Entwicklung vollziehen und im Bildungsboom manifestieren, der ja die Arbeiterkinder seit langem erfaßt hat. Ge-rade dieser Prozeß bewirkt aber die Zuspitzung der gesellschaftlichen Gegensätze und Risiken, von denen oben die Rede ist.

beitslosigkeit. Die ökonomische und identifikatorische Bedeutung von Berufstätigkeit ist aber weiterhin ungebrochen. So kommt der Arbeitslosigkeit eine besondere desintegrierende Wirkung zu, *„weil die gesellschaftliche Anerkennung von Nützlichkeit und die Stützung des eigenen Selbstwertgefühls tangiert ist."*[24] Die belastende Erfahrung beruflicher Desintegration droht heute sowohl beim Übergang von der Schule in eine berufliche Ausbildung wie auch beim Übergang von der Ausbildung in den Beruf. Die empirische Entwicklung zeigt uns eine etwa zehnprozentige Arbeitslosigkeit bei Erwerbspersonen unter 25 Jahren sowie Rückgänge bei den Ausbildungsstellen[25] - bei einem Anteil der Kinder, die von der Sozialhilfe leben, von mehr als zehn von Hundert.[26]

Die politische Unterfütterung von Problemlagen Jugendlicher durch politische und ideologische Entwicklungen sei hier nur erwähnt. Nicht von ungefähr führen ja verschiedene Theoretiker der Jugendarbeit[27] ins Feld, daß die rechtsextremistische Gefährdung der Mitte der Gesellschaft entspringt, bestimmte Jugendliche gleichsam stellvertretend für die Erwachsenen handeln, wobei sie sich einer *„'klammheimlichen' Sympathie, wenn nicht für ihre Taten, so doch für ihre vorgeblichen Motivationen"*[28] sicher sein können.

---

[24] HEITMEYER 1992, S.114.

[25] Nach BRENNER 1996, S.370ff.

[26] Wegen der notorisch niedrigen Definition des Existenzminimums durch den Deutschen Bundestag kommen Sozialwissenschaftler und verschiedene Organisationen immer wieder zu der Aussage, das Armutsrisiko sei weit höher als das statistisch ausgewiesene. So spricht BRENNER von. *„2,2 Millionen Kinder(n) .. unterhalb der Armutsgrenze"* (Ebd. S. 372).

[27] neben anderen etwa KRAFELD (1993 und ´96) und BUTTERWEGGE (1994).

[28] BRUNER/DANNENBECK/ZELLER 1993, S.175.

1.3 Bedeutung von Cliquen[29]

Angesichts der skizzierten Entwicklung - der Auflösung tradierter Familienstrukturen, kaum planbarer, um-wegiger und gebrochener Erwerbsbiografien, zunehmender Orientierungsprobleme und Vereinzelung in der Lebensplanung und -führung - wird für manche Jugendlichen die *Clique, die jugendliche Szene oder Subkultur zur zentralen, identitätsstiftenden Sozialisationsinstanz.*[30] Dies gilt durchaus auch für den ländlichen Raum.[31] In der Clique sucht (und findet) der Jugendliche soziale Kontakte, Anerkennung und Orientierung,[32] aber auch „Erlebnis" und „action", „Stützpunkte, Anlaufstellen zur täglichen Lebensbewältigung"[33] und die „Solidarität der Straße".[34]

Cliquenleben braucht Platz, d.h. *soziale Räume.* Doch diese Räume sind nicht nur in den großen Städten rar geworden, weil sie in der Regel anderweitig besetzt und genutzt werden. Gelegentlich sind sie auch risikoreich, etwa stigmatisiert als Ort, an dem delinquentes Verhalten vorbereitet, geübt, verübt wird. Kinder und Jugendliche erleben öffentliche Räume vorwiegend in ihrer „normativen Struktur", soll heißen: „ *'Kreative und produktive' Funktionen eines Stadtraums bleiben ihnen weitgehend strukturell verschlossen. Sie werden verdrängt.*"[35] Hierauf reagieren Jugendliche entweder mit Rück-

---

[29] Vgl. zum folgenden: KEPPELER 1989, S.17ff, BAETCKE u.a. 1990, S.32 ff, KRAFELD 1996, S.40f.

[30] KRAFELD (1996, S.41). Früher bestanden solche Jugendgruppen im Umfeld bestimmter Milieus oder Institutionen: Kirche, Parteien, Jugendorganisationen und -verbände etc.

[31] Hier ist etwa von „sozialer Freisetzung der Landjugend" als Voraussetzung der Cliquen die Rede. (BÖHNISCH/FUNK 1989, S.136ff.)

[32] GREF 1995, S.1).

[33] KEPPELER 1989, S.18.

[34] BASSARAK 1995, S. 54.

[35] KEPPELER 1989, S. 18.

zug in die Privatheit oder eher mit Kampf um das eigene Territorium. In der dramatischen Diktion eines Streetwork-theoretikers heißt
dies: *„Der städtische Raum wird für sie zu einer Quelle von
Bewältigungsformen und solidarischer Lebensbewältigung, zu einem
Revier des Erlernens von ... Lebenstechniken und zum Umschlag-
platz für lebenspraktische Informationen - aber auch zur Möglichkeit gruppenspezifischer Identitätsentwicklung, kultureller Formge-
bung und des Protestes sowie zu Sozialräumen der Selbst-
inszenierung."*[36]

Das begründet die Bedeutung der „jugendlichen Aneignungsräume" in der Straßensozialarbeit.

Die Kategorie meint ebenso wie die der „Straße" symbolhaft das
besetzte und benutzte Gruppenterritorium, im Grenzfall aber natürlich auch Räume im bürgerlichen Sinne (wenn auch vielleicht in
unbürgerlicher Gestaltung).

Die gesellschaftliche Reparaturaufgabe der Straßensozialarbeit ist
es, den Jugendcliquen auf der Straße nahezukommen, sich einzumi-
schen, helfend, unterstützend, steuernd, der Gewaltbereitschaft die
Spitze zu brechen und den Jugendlichen plausible Perspektiven der
Lebensbewältigung zu eröffnen. Straßensozialarbeit beseitigt nicht
die Ursachen, aber sie kann im Einzelfall helfen.

---

[36] ebenda.

2. Aufgabenstellung

Hoyerswerda - Rostock - schließlich Mölln: Mit jenem Anschlag im November 1992, der drei Todesopfer forderte und international in die Schlagzeilen geriet, wurde offenkundig, daß das vorwiegend ländlich strukturierte, eher verträumte Schleswig-Holstein nicht von rechter Gewalt „verschont" blieb. Schon in den Jahren zuvor waren Auseinandersetzungen und Übergriffe von Skinheads und anderen rechtsorientierten Jugendlichen in Kiel, Flensburg, Lübeck, Rendsburg, Kellinghusen und anderen Orten Schleswig-Holsteins durch die Presse gegangen. In einzelnen Städten wie Kiel und Flensburg hatte man bereits mit der Einrichtung von Streetworkprojekten reagiert, in anderen Orten „kümmerte" sich von offizieller Seite kaum jemand um diese Jugendlichen - abgesehen von den (repressiven) Staatsorganen Polizei und Justiz. Der Anschlag von Mölln (ebenso wie in Lübeck) und das daraus resultierende (internationale) Öffentlichkeitsecho führten zu einer politischen Reaktion. Das Problem rechtsradikaler Jugendgewalt war nicht länger zu ignorieren.

Mit finanzieller Unterstützung des Landes wurden in zwei Städten und einem Landkreis Streetworkprojekte eingerichtet mit dem *Ziel, eine Verminderung der Gewaltbereitschaft rechtsorientierter Jugendlicher und des Gewaltpotentials insgesamt zu erreichen.*

Diese recht allgemein gehaltene, vom Ansatz zielgruppenorientierte Aufgabenstellung mußte in dem Projektort Lübeck aufgrund der Auswahl des Stadtteils von vornherein modifiziert werden. Aber auch in den anderen Projektstandorten kam man, vor allem aufgrund von Veränderungen in den Jugendszenen und infolge eklatanter Versorgungsdefizite, in der Praxis nach kurzer Zeit zu einer Erweiterung der Aufgabenstellung.[37]

---

[37] Zur praktischen Umsetzung und genaueren Klientenbestimmung siehe Kapitel 8.

Überdies wurde den Projekten an den verschiedenen Orten eine Reihe mehr oder weniger ausformulierter Maßgaben mit auf den Weg gegeben:

- *Aufsuchen gewaltbereiter Jugendlicher* an ihren Treffpunkten, d.h. die Streetworker sollten sich in das Terrain des Klientels begeben,
- Finden und Bereithalten von *Räumlichkeiten* und Entwicklung von konkreten *Angeboten* für die Betroffenen,
- „Sich-einlassen" auf die Jugendlichen im Sinne der *akzeptierenden Jugendarbeit,*[38]
- Bereitschaft, sich an *Vernetzungsbemühungen* zu beteiligen,
- *Dialog mit der Polizei.*

Obschon letztere Maßgabe allgemein gehalten war und die nähere Ausgestaltung den Projekten vor Ort überlassen blieb, kam ihr eine hervorragende Bedeutung zu. Auf der einen Seite war die Polizei als Ordnungsorgan von Rechts wegen zwangsläufig mit rechtsextremistischen bzw. fremdenfeindlichen Straftaten befaßt, auf der anderen Seite sollte Streetwork mit eher pädagogischen Mitteln an die Jugendlichen herantreten. Die Einschätzung war, daß man nicht ohne weiteres aneinander vorbeikommen würde. Die Diskussion der Kommunikationswege, Verfahren und möglichen Inhalte war deshalb von Anfang an notwendig.

Die praktische strategische Bedeutung dieser Maßgabe zeigte sich übrigens allenthalben. Auch gab es einen interessanten Dialog von wissenschaftlicher Begleitung und einem laufenden Kieler Projekt, das sich (wohl auch aufgrund von - nach eigenem Bekunden -

---

[38] Näheres dazu siehe Kapitel 6.

„schlechten Erfahrungen") ausdrücklich und beharrlich weigerte, freiwillig mit der Polizei in Kontakt zu treten. Das immer wieder ins Feld geführte Argument, jegliche Form der Kommunikation mit der Polizei würde über kurz oder lang dazu führen, sich bei den Jugendlichen unglaubwürdig zu machen, zu „verbrennen", stand dann allerdings auch in allen Projekten am Beginn der Debatte. Die besondere Bedeutung der Projektbedingung „Dialog von Straßensozialarbeit und Polizei" wurde übrigens auch durch die Beteiligung des Innenministeriums an der Projektfinanzierung manifestiert. Die operationale Begleitung der Projekte wurde indes beim Sozialministerium angesiedelt, soweit sie nicht an die wiss. Begleitung delegiert wurde. Letztere bildete mithin ebenfalls eine Projektbedingung. Ihr oblagen *unter anderem*

- Mitwirkung bei der Personalauswahl,
- Hilfe bei der Konzepterarbeitung,
- regelmäßige reflektierende Begleitung und Beratung der Teams,
- jährliche Berichte (sowie ein Abschlußbericht).

Allen Beteiligten war klar, daß es sich um ein innovatives Arbeitsfeld mit innovativen Zielen und Methoden handelte. Mit wandelbaren Verläufen war zu rechnen.

3. „Gewalt"

Die Gewaltkategorie spielt in der sozialarbeiterischen wie in der politischen Diskussion seit Anfang der neunziger Jahre eine Hauptrolle. Für die meisten ist die Vorstellung der „Welle der Gewalt", die uns heimzusuchen scheint, verbunden mit der Ahnung von menschlichem Treibholz, das man abfischen muß. Dazu wurden u.a. Streetworker erkoren.

3.1 Zielvorgabe und Realitäten

Tatsache ist, daß die Träger wie die politischen und administrativen Entscheidungsträger in unseren drei Projekten sich zur Zielvorgabe einer *irgendwie gearteten Gewaltreduktion* bekannten. Dies erschien allen Beteiligten legitim, war doch die Ausschreibung der Projekte selbst eine Folge von öffentlich registrierten und beklagten spektakulären Gewalttaten. Rechtsextremismus und Gewalt in bestimmten Jugendszenen waren gegen Ende der achtziger und Anfang der neunziger Jahre öffentlich präsent. Die Frage schien lediglich: Wieviel schlimmer ist es geworden?

Wenngleich von Sozialwissenschaftlern gelegentlich darauf hingewiesen wurde, daß es eine Gewalteskalation der Jugendszenen in der Masse nicht gebe, man es allerdings mit einer erheblichen Zunahme der Gewaltqualität in der Spitze zu tun habe,[39] herrschte ein

---

[39] Dies stellt z.B. HURRELMANN 1993 für den Bereich der Schule fest. HEITMEYER (1993, S. 111f.) führt einerseits aus, daß Jugendliche aus dem rechtsextremen Organisations-Kontext ebenso wie aus dem Subkultur-Kontext der Skinheads *„nur in relativ geringem Umfang an der Gewalt beteiligt"* sind. *„Anders verhält es sich indes bei der Qualität. Dabei finden sich in diesem Zusammenhang dann jene Gewalttaten, die durch besondere Brutalität herausragen."* Die Diskussion ist aber durchaus kontrovers. (Dies zeigt z.B. BUTTERWEGE 1994a). Sie reicht von der Behauptung eines verstärkten Gewalteindrucks als Resultat erhöhter Aufmerksamkeit

politischer Konsens über Parteigrenzen hinweg: Die Bekämpfung der Jugendgewalt mit friedlichen Mitteln - vorwiegend solchen der Erziehung unter Bündelung verschiedener Kräfte, etwa Streetwork, Polizei, Justiz,[40] Ämter - war das Gebot. Und jedenfalls schien Straßensozialarbeit das geeignete Mittel.[41]

Gewaltdefinitionen wurden nicht gefordert. In unseren Projekten gab es gleichwohl von Anfang an, neben der durchaus nicht leicht zu beantwortenden Frage nach den Klienten der Arbeit, im Einzelfall durchaus auch das Bedürfnis zur Konkretisierung des Gewaltbegriffs. Während erfahrene Straßensozialarbeiter dieses Problem nicht hat-

---

(PAPESCH 1994, S. 97) bis zur entschiedenen Behauptung einer Zunahme von Gewaltpotentialen, deren Ursachen in der Zuwanderung aus dem Osten und in der Wiedervereinigung liegen (WILLEMS 1993). HEITMEYER (1993 S. 114) vertritt übrigens u.a. auch die These von der *„schleichende(n) und verdeckte(n) Eskalation"* der Gewalt und der „Normalisierung" der „Gewaltakzeptanz" (S.110 f), die etwa auf dem Boden von Rassismus, Ethnozentrismus, Fremdenfeindlichkeit gedeiht. Historische Umbrüche, Milieuentwurzelung und Ideologieverluste sind sicher nicht zu leugnen. Jedoch erlauben wir uns den Hinweis auf die geringeren Fremdenerfahrungen und ethnosozialen Integrationsbemühungen unter dem Sozialismus. Sie sind Ursache einer historischen Ungleichzeitigkeit, die manche Autoren als fette Weide für den von ihnen gehätschelten Sündenbock nutzen. (Politischer Konservativismus und eine gewiß nicht strahlend fremdenfreundliche Gesetzgebung gedeihen aber auch im Westen.) Wir klammern die weitere Diskussion hier aus.

Die Frage der Gewalteskalation läßt sich u.a. indizienhaft empirisch anhand der Strafverfolgungsstatistiken beantworten. Die im Zusammenhang unserer Projekte etwa besonders interessierende Statistik fremdenfeindlicher Straftaten des Landeskriminalamtes Schleswig-Holstein (Stand 18.2.97) verzeichnet:

Gesamtzahl	1992	1993	1994	1995	1996
gemeldeter Straftaten	*297*	*373*	*217*	*128*	*156*

[40] vereint etwa in kriminalpräventiven Räten.

[41] Vgl. BECKER/SIMON (1995, S.7f.) Sie weisen darauf vor allem im Zusammenhang mit der großen Anzahl neuer Streetworkprojekte in den Neuen Ländern hin.

ten,[42] an anderer Stelle die Polizei (und Presse) Informationen über Aktivitäten von gewaltgefährdeten Jugendlichen lieferten,[43] wurde die Zielvorgabe anderswo kurzerhand umgedeutet: Es ginge nicht um Intervention gegen manifeste Gewalt, sondern um Gewaltprävention in einem mit Jugendarbeit unterversorgten Stadtteil.[44]

Angesichts der Heterogenität der Arbeitsterritorien und Trägererwartungen, der Verschiedenheit und teils Unklarheit bei der Klientenfestlegung schien es durchaus weise, die Frage der Gewaltdefinition zunächst offen zu lassen und sich ihr besser später und eher schrittweise zu nähern.

Eine andere Klärung erzielten die Projektmitarbeiter dagegen schnell und einvernehmlich: *Rechtsradikale* Gewaltgefährdung verlor in der Jugendszene bereits im Jahre 1994 deutlich an Boden (und 1995 und 1996 noch mehr). Es wäre unsinnig gewesen, sich beckmesserisch an diese ursprüngliche Voraussetzung der Straßensozialarbeitsprojekte zu klammern. Zwar gab es durchaus rechte „Sprüche", rassistische Aufwallungen und Gebärden der Gewalt, doch wurden diese übereinstimmend als hilflose Reflexe auf eigene Problemsituationen und jedenfalls nur in wenigen Fällen als politisch motiviert wahrgenommen.[45]

---

[42] Dies war der Fall im Kreisherzogtum Lauenburg.

[43] Dies war der Fall in Rendsburg/ Büdelsdorf/ Westerrönfeld.

[44] Dies war der Fall in Lübeck. Die Entscheidung war die des Jugendamtes, das auch den Träger auswählte.

[45] KRAFELD (1996, S. 41f.) konstatiert z.B. vergebliche Versuche rechtsextremer Organisationen, rechte Jugendliche politisch an sich zu binden. Rechtsextremistische Orientierungen Jugendlicher stellten *„sich bei näherer Betrachtung fast immer dar als Konglomerat von Deutungs- und Orientierungsmustern zur eigenen sozialen Einordnung und Orientierung und zur eigenen Alltagsbewältigung." „Sich auf diese Jugendlichen einzulassen, bedeutet, sich zunächst einmal einzulassen darauf,*

Die Einschätzung von Verfassungsschützern, Staatsanwälten und Straßensozialarbeitern[46] stimmten hierin überein: Sämtlichst wurde der äußerst geringe politische Kenntnisstand der meisten unter denjenigen Jugendlichen konstatiert, die sich einen rechten Anstrich gaben. Zudem reagierten viele auf politischen und polizeilichen Druck mit territorialer Flucht, aber auch mit weniger offensivem Auftreten, mit Verhaltensänderungen und der Entwicklung neuer (weniger politischer) Bedürfnisse. Die Drogengefährdung etwa nahm zu.[47]

Wie aber sollte man der Aufgabe Herr werden, *unterschiedliche Problemfelder, Klientengruppen und Arbeitsansätze*[48] unter den Hut einer aufsuchenden Jugendarbeit zu bringen, welcher der Projektbedingung der „Gewaltbekämpfung mit friedlichen Mitteln" genügte? Vor diesem Hintergrund ist das auf den ersten Blick kurios anmutende Fehlen einer verbindlichen Gewaltdefinition in unseren Projekten zu würdigen. Tatsächlich ist zu konstatieren, daß die als Spezialisten für Jugendgewalt angesehenen Straßensozialarbeiter

---

- *daß ihre Orientierungsmuster politische Umformungen von ökonomisch-sozialen Alltagserfahrungen sind ... keine politischen Programmatiken,*
- *daß in rechtsextremistischen Äußerungen fast durchweg real empfundene Ängste und Unsicherheiten zum Ausdruck gebracht werden,*
- *daß die Selbstbehauptungs- und Durchsetzungsstrategien Jugendlicher immer zunächst einmal als deren in ihrem Lebensalltag erworbenen Kompetenzen zu sehen sind, auf die sie folglich ohne Gefahr solange nicht verzichten können, solange und soweit sie nicht effektivere und risikoärmere Strategien entwickelt haben."*

[46] Die wiss. Begleitung führte eine Reihe von Gesprächen mit den genannten Organen.

[47] Was hier vielleicht als blitzartige Erleuchtung klingt, war das Resultat von Beobachtungen in einem Zeitraum von 6 bis 9 Monaten. Der Austausch der Streetworker mit der wissenschaftlichen Begleitung, insbesondere die Gesamttreffen, hatten einen gewissen Anteil daran, daß manche Beobachtung festgehalten und zur Erkenntnis wurde.

[48] Siehe Kapitel 7 und 8.

lange nach Projektbeginn noch nicht über einen einheitlichen Gewaltbegriff verfügten und entweder von unterschiedlichen Gewaltbegriffen ausgingen oder (im Einzelfall) sogar das Thema mieden.

Weitere Gründe für eine sehr zögerliche theoretische Annäherung an das Thema „Gewalt" seien summarisch genannt:

- unterschiedlicher Projektbeginn bzw. Arbeitsaufnahme von Mitarbeitern zu verschiedenen Zeitpunkten,
- die Notwendigkeit einer allmählichen Orientierung im Territorium,
- und der allmählichen Annäherung an potentielle Klienten,
- das Auftauchen mannigfacher Cliquen und einzelner in den Projekten, u.a. auch solcher, die nicht als gewaltbereit oder -gefährdet einzuschätzen waren,
- Auseinandersetzungen mit Trägern, Verwaltungen, Kritikern in der Anfangsphase,
- im Einzelfall Arbeitsüberlastung,
- unterschiedliche und teils fehlende fachliche Voraussetzungen.

Wir sind nach allem geneigt, die so lange fehlende Klärung des Gewaltbegriffs nicht unbedingt als Manko zu werten. Offene Jugendarbeit und auch Straßensozialarbeit speist sich nicht stets aus der Theorie und setzt nicht immerzu begriffliche Klarheit voraus. Man kann „richtig" handeln, ohne zu wissen, ob man einer Definition genügt.

Im Sinne der Projektidee geschah dies etwa, wenn ein Streetworker sich über die Jugendgerichtshilfe Klienten „verschaffte", die bei und mit ihm gemeinnützige Arbeit verrichteten. Der Hintergrund einer sozusagen gerichtlich bescheinigten Gewaltgefährdung war hier gegeben. Die biografische Aufarbeitung folgte. Der Jugendliche erzählte, und der Streetworker erfuhr etwa von: wüsten Bedrohungen und Bestrafungen des Jugendlichen durch einen lieblosen Vater und von der Zerstörung des Selbstgefühls in der Kindheit. Er wurde mit dem Rachemotiv als Überlebensprinzip konfrontiert, das die dauernde Suche nach potentiellen Opfern nahelegte; er erlangte Einsicht in die Rolle von Führer und Gruppe als Zuwendungsersatz. Nie hatte jemand dem Jugendlichen zugehört, nie hatte ihn ein Erwachsener ernst genommen. Das Ringen um Sinn und Perspektiven für die Zukunft begann.[49]

Im Sinne der Projektidee handelte auch ein Street-worker, wenn er sich einer Gruppe türkischer Jugendlicher annahm, die sich Rache gegen eine deutsche Clique geschworen hatten. (Es kam auch vor, daß er sich ebenfalls der deutschen Clique annahm.) Fußball etwa diente hier als wesentliches pädagogisches Medium. Gespräche blieben nicht aus, und mancher „Krieg" wurde verhindert. Aber darüber hinaus gab es interkulturelle Problemstellungen, Nichtangenommensein bei Eltern wie bei Hiesigen, Ärger mit Schule, Ämtern, Freundin usw.; Gruppenarbeit und Einzelhilfe ergänzten sich. Der Jugendliche brauchte Hilfestellungen, niemand anderer als die Gruppe schien bestimmte Bedürfnisse zu erfüllen. Eine kollektive Gewaltbereitschaft (im Sinne *„wir müssen uns gegen die anderen wehren", „wir haben doch unseren Stolz"*) war gegeben. Der Streetworker brauchte hier zunächst keine weitere Handlungslegitimation oder nähere Auslotung der individuellen Gewaltgefährdung.

Der Projektidee genügten natürlich auch Streetworker, die der Aufforderung der Polizei und des Jugendamtes folgten, doch bitte bei einem bestimmten Ereignis (etwa einem Fest an „historischer"

---

[49] Dieser ins Allgemeine verfremdete Fall steht für eine Reihe von Erfahrungen, die einige (nicht alle!) Projektmitarbeiter machten.

Stelle) präsent zu sein, das nach aller Erfahrung „Randale und Gewalteskalation" begünstigte.[50]

3.2 Bestimmungsversuche und Lernprozesse

Dennoch wurde es im Laufe der Zeit in manchem Projekt notwendig, immer wieder auf die Projektziele zu verweisen, insbesondere auch auf die Idee der aktiven Befassung mit gewaltbereiten Jugendlichen. Nicht nur die „stationäre" offene Jugendarbeit ist der Gefahr ausgesetzt, sich mit einer „bequemen", eher bürgerlichen Klientel zu umgeben.

Auch das alte Problem, daß eine angemessene Gruppenpädagogik mit Auffälligen und Abweichern nur bei einer „gemischten" Gruppenstruktur Sinn macht, kann (wie sich herausstellte) eben auch in Straßensozialarbeitsprojekten zum Fallstrick werden. Und zwar dann, wenn über kurz oder lang die „Normalen" die anderen verdrängen.[51] Derartige Probleme wuchsen, wenn und soweit die „Geh-Struktur" (die aufsuchenden Anteile der Straßensozialarbeit) zugunsten einer „Komm-Struktur" aufgegeben wurde. Die Orientierung an dem Projektziel „Arbeit mit gewaltbereiten Jugendlichen" ebenso wie der Hinweis auf die Notwendigkeit, den aufsuchenden Anteil der Arbeit hoch zu halten, trugen dazu bei, Fehlentwicklungen zu vermeiden oder zumindest zu reduzieren. Man brauchte allerdings mehr als ein lediglich vages Gewaltverständnis.

In unseren Projekten wie bei verschiedenen Street-worker-Treffen und Fortbildungsveranstaltungen war stets von „*Gewaltbereitschaft*" die Rede - definiert als *Neigung, Konflikte durch kör-*

---

[50] Dem Problem von „Streetwork als Erfüllungsgehilfin der Ordnungsorgane" wenden wir uns unter dem Kapitel „Dialog mit der Polizei" zu.

[51] Ebenso kann die Verdrängung der Gruppen durch wild agierende Einzelne ein Problem werden. Nach unserer Einschätzung ist dies aber der seltenere Fall und kam in unseren Projekten u. W. nicht vor.

perliche Aggression zu lösen. Man war sich einig, daß diese Neigung abgebaut werden müsse, daß man besser „gewaltfrei" interagiere, etwas, was die Jugendlichen lernen müßten.

Sozialpädagogische Erfahrungen und die sinnfällige Praxis im Umgang mit Gewaltgefährdung führten zu wesentlichen Ergänzungen: Erstens ist *nicht jede Konfliktaustragung mit körperlicher Aggression als Gewalt* oder zumindest nicht als pädagogisch interventionswürdige Gewalt zu *deuten,* zweitens ist die *Unverhältnismäßigkeit von Anlaß und Reaktion* ein wichtiges Gewaltthema (in dem Rassismus, Sündenbocksuche und ähnliches aufscheint), drittens ist das *Macht-/Stärke-Verhältnis von Angreifer und Angegriffenem* zu beachten, viertens muß man *Strukturen der Gewalt* Beachtung schenken, und fünftens insbesondere auch den Formen der *psychischen Bedrohung* nachgehen.[52]

Zu den problematischen Bestimmungsversuchen von Gewalt zählen wir solche, die wegen ihrer Offenheit bzw. Breite „fast alle Jugendlichen" oder „mehr als die Hälfte aller Jugendlichen" als gewaltgefährdet erscheinen lassen.[53] Damit gehen typischerweise sehr vage Gewaltmerkmale Hand in Hand. Insbesondere gibt es keine Unterscheidung von Aggression und Gewalt. Verschiedene Formen der

---

[52] KRAFELD u.a. (1993, S.70ff.) weisen unter dem Titel *„Zum Umgang mit Gewalt"* auf *„die Spannbreite.. zwischen subtilen Formen psychisch wirksamen Zwangs.. und brutaler physischer (Waffen-) Gewalt"* hin und zählen Entwicklungstrends auf: Verminderung der Schwelle der Gewaltanwendung, Verjüngung der Täter, Verlagerung der Außen-Aggression zur Auto-Aggression, Rechts-Links-Polarisierung, Betonung des Männergewaltmonopols. Sie benennen Phänomene und Varianten von Gewalt, was eine Verständigungsmöglichkeit eröffnet, ohne daß man sich an Definitionsfragen festbeißt. Auch BUTTERWEGGE (1996, S. 106ff.) diskutiert aspektreich das Thema „Männergewalt". (*„Ist die Gewalt männlich?"*)

[53] Vor- und Nachteile von engen und weiten Definitionen sowie „Definitionsstrategien" erörtert u.a. auch WILLEMS 1993, (S. 88 ff.)

Gewalt (psychisch, physisch, verbal, strukturell) werden in einen Topf geworfen. Und schließlich geht es keinesfalls nur darum, einen Begriff parat zu haben, vielmehr ist darüber hinaus ein Konzept des Zustandekommens von Gewaltgefährdung gefordert, welches ermöglicht, das Augenmerk auf bestimmte biografische Zusammenhänge zu richten.

Hierzu ist anzumerken, daß verkürzte Versuche in der Praxis der Straßensozialarbeit teils nur nachvollzogen, was die einschlägige Literatur bietet (oder eben nicht bietet). [54]

So ist etwa folgender Gewaltbegriff[55] für die Zwecke der Straßensozialarbeit (und vielleicht der Jugendarbeit überhaupt) nach unserer Ansicht zu allgemein oder möglicherweise auch nur zu abstrakt: Zu Gewalt zählen *„jegliche Handlungen von Personen gegen Personen und Sachen, die mit relativer Macht einhergehen, in aggressiver, destruktiver Intention angelegt sind, um Menschen oder Sachen (Umwelt) zu verletzen oder zu zerstören. Gewalt kann dabei in psychischer und in physischer Form geäußert werden. Dabei werden verbale und nonverbale Androhung, aber auch der umgangssprachliche Gebrauch von Gewaltausdrücken als Gewalttendenzen unterstützende Verhaltensweisen mitberücksichtigt."*[56]

---

[54] So ist von den 25 Autoren des „Handbuch(s) aufsuchende Jugend- und Sozialarbeit" (BECKER/SIMON 1995) keine Gewaltbestimmung zu erfahren, obschon u.a. durchaus von „gewaltbereiten" Jugendlichen gesprochen wird.

[55] Wir greifen ihn stellvertretend heraus. Er wurde zunächst im Zusammenhang der Untersuchung von Gewalt an Schulen in Schleswig-Holstein und später in dem Schleswig-Holsteiner Projekt „Sport gegen Gewalt, Fremdenfeindlichkeit und Rassismus" verwendet.

[56] Die Definition folgt der von FERSTL/NIEBEL/HANEWINKEL (1993, S. 5-7) in ihrer „Gutachterliche(n) Stellungnahme zur Verbreitung von Gewalt und Aggression an Schulen in Schleswig-Holstein" erarbeiteten Gewaltbestimmung.

Wir sagen nicht, der gewählte Begriff sei falsch. Es scheint aber, daß er gewisse pragmatische Anforderungen nicht erfüllt. Es sei nur darauf verwiesen, daß die Formulierung von der Berücksichtigung verbaler und nonverbaler Androhung vage ist (wie wird sie berücksichtigt? und warum?), daß die Behauptung von der Unterstützung von Gewalttendenzen durch den „umgangssprachlichen Gebrauch von Gewaltausdrücken" möglicherweise nur eine Schichtdifferenz der zivilisierten Definierer zu ihrem Gegenstand („proletarisch" Redende) zum Ausdruck bringt, hingegen die Rolle einer ungefährlichen verbalen Aggressionsabfuhr bereits qua Definition ausgeschaltet scheint, daß schließlich der entscheidende Faktor einer greifbaren Gewaltdefinition im unscheinbaren Terminus der „relativen Macht" verborgen bleibt, nämlich ein „Täter-Opfer-Verhältnis", das im Kern Gewalt von Aggression unterscheidet. (Und nicht alle absichtliche Zerstörung von Sachen ist übrigens Gewalt!)[57]

3.3 Das Scenario der Gewalt - Definition und Theorie

Das in unseren Projekten vorgeschlagene und überwiegend verstandene und akzeptierte Konzept[58] geht von *Gewalt als Spezialfall von Aggression* aus. Aggression wird (in Übereinstimmung mit üblichen Definitionen)[59] als *„absichtliches, Sachen oder Lebewesen schädigendes Verhalten"* bestimmt, und *Gewalt wird „eine besondere Qualität der Aggression sowie ein Täter-Opfer-Verhältnis bzw. ein stark-schwach, überlegen- ohnmächtig u. dgl."* zugeordnet.

---

[57] wie manche Kunsthappenings oder das Zerknüllen eines Plastikkaffeebechers in der Hand.

[58] Die Formulierung berücksichtigt den mehrfachen Wechsel von Mitarbeitern und die Allmählichkeit manchen Lernprozesses.

[59] z.B. HACKER 1988; HEITMEYER u.a. 1989

Im weiteren wurde ein *Scenario der Entstehung von Gewalt-bereitschaft* entwickelt. Es geht aus

- von der individuell unterschiedlichen Ausprägung von Aggressivität,
- von der besonderen Bedeutung unterdrückter Bedürfnisse, insbesondere auch aggressiver Strebungen,
- von der besonderen Macht der Nächsten in bezug auf die Aggressionsunterdrückung (Eltern etwa) ebenso wie in bezug auf die Verhaltensübernahme und
- von der Erfahrung, daß Gewalttäter meist zunächst Opfer sind,
- von der starken Rolle emotional besetzter Ersatzmodelle (Gangboss, Schwarzenegger, Streetworker) bei Wegbrechen primärer Identifikationsfiguren (Mutter, Vater z.B.),
- von der Notwendigkeit emotionalen (physischen und/oder psychischen) Ausagierens von Emotionen (einschließlich der Aggressionen) qua Kompensation[60] oder Sublimation[61] für den seelischen Ausgleich,
- von besonders frustrierenden und also aggressionsträchtigen Lebensbedingungen in manchen Familien (oder was davon übrig ist) und
- von besonderen Stress-Bedingungen in bestimmten Umwelten, Überforderungserleben etwa in der Schule, bei der Arbeitssuche, am Arbeitsplatz usw.
- von strukturellen Gewaltverhältnissen wie Arbeitgeber-

---

[60] Holzhacken, Brüllen z.B. (Techno-dance markiert vielleicht den Übergang zur Sublimation.)

[61] Die Poeme japanischer Kriegsherren, die einer strengen Versform genügten, mögen ein extremes Beispiel sein. Gewisse Streitgespräche, Tanzen, Rockmusik etc. gehören hierher.

Arbeitnehmer, Lehrer-Schüler, groß-klein, alt-jung, stark-schwach, Mann-Frau, Hiesiger-Fremder[62],

- von der aggressive Hemmschwellen senkenden Funktion von Gruppen, starken Führern und Feindbildern.

Wir halten dieses Scenario für das Erkennen von Gewaltgefährdung, von Gewaltursachen und pädagogischen Eingriffsmöglichkeiten für hilfreich und mehr oder minder bewährt, gehen aber davon aus, daß der Verständnisgrad einerseits und die Bereitschaft zur Auseinandersetzung mit dem Gewaltthema andererseits unter den Street-workern erheblich variieren. In unseren Projekten gab und gibt es Mitarbeiter, die sich dem Thema intensiv widm(et)en - was damit einhergeht (-ging), daß sie als wesentliche *Bezugsfiguren gewaltgefährdeter Jugendlicher* fungier(t)en -; und es gibt solche, bei denen diese Rolle weniger im Vordergrund steht (stand). Letztere sehen sich eher als *Moderatoren von Jugendkulturen*. Das Gewaltthema bleibt nicht etwa ausgespart,[63] ist aber meist eher Gegenstand von Betrachtung, Besprechung, Behandlung vor allem in präventiver Stoßrichtung. Hiermit sind, sofern man den Gewaltaspekt als Differenzierungselement benutzt, zugleich polare Rollen von Straßensozialarbeitern gekennzeichnet, denen sich die realen Rollenauffassungen mehr oder minder zuordnen lassen.[64]

---

[62] Diese Paarungen markieren keine notwendigen, sondern lediglich häufig vorkommende Gewaltverhältnisse.

[63] Um es deutlich zu sagen: zu den Klienten zählen auch hier gewaltbereite Jugendliche (im Sinne oben dargestellter Gewaltdefinition).

[64] Insofern ist das Gewaltthema auch eine interessante Fragestellung für Einstellungsgespräche. Die politischen Entscheidungsträger und die Projektträger werden sich - je nach Lage - Gedanken darüber machen, was sie wollen. Die entsprechende Diskussion wird unter dem Titel „Arbeitsfelder" von verschiedenen Autoren bei BECKER/SIMON 1995 geführt. (Siehe auch Kapitel 8.)

Gelegenheiten, das Gewaltthema in der Interaktion von Straßensozialarbeiter und Klient zu bearbeiten, gab und gibt es reichlich.
Hat man es etwa mit einer Clique zu tun, die immer wieder Rache
gegen eine andere Clique (typischerweise anderer Nationalität oder
aus einem anderen Ort, einer anderen Straße, Schule usw.) schwört
und moralisch wie materiell (durch Waffensammlung etwa) aufrü-
stet, kann der Streetworker dem kaum aus dem Wege gehen. Ebenso ist die Klientenrekrutierung über den Täter-Opfer-Ausgleich und
über die Jugendgerichtshilfe, bei der es etwa um die Ableistung ge-
meinnütziger Arbeit unter den Augen des Streetworkers oder unter
seiner Vermittlung, Anleitung und Betreuung geht, eine Konstellation, in der sich die Bearbeitung des Gewaltthemas dringend anbie-
tet.

Bearbeitung meint mehr als Aneignung von Begriffen oder Entwicklung von Definitionsstrategien. Es sollte unserer Ansicht nach
auch weiter gehen als das bloße Begreifen eines Scenarios der
Entstehung von Gewalt. Notwendig erscheint jedenfalls für denjenigen Straßensozialarbeiter und diejenige Straßensozialarbeiterin,
die erklärtermaßen mit gewaltbereiten Jugendlichen umgehen, die
Aufarbeitung des eigenen Verhältnisses zu Aggression und Gewalt - was etwa auch die Themen Angst und Selbstvertrauen, wohl
auch Konkurrenz, Durchsetzungswillen, Kränkbarkeit, Aspekte des
körperlichen Umgangs u.ä. - umfaßt. Wenngleich diese Einsicht
erst jung ist, sind wir geneigt, für eine solche Auseinandersetzung
den Rahmen einer (gewalt-fachlich kompetenten) Teamsupervision
zu empfehlen. (Es versteht sich, daß hier der Einblick „Dritter",
insbesondere von Trägern und Vorgesetzten auszuschließen ist.)

4. Gewalt in der Schule

In allen unseren Projekten hat eine mehr oder minder regelmäßige Zusammenarbeit mit einzelnen Schulen oder Lehrern stattgefunden. Soweit wir es überblicken, variierten dabei die Voraussetzungen, Haltungen und Rollen der Streetworker ebenso wie die Inhalte und Formen ihrer Aktivitäten erheblich. Die Variationsbreite reicht vom Hilferuf und von der Intervention im Einzelfall bis zur mehrtägigen intensiven Arbeit mit der Klasse (einschließlich Lehrer/in), von der Einzelhilfe bis zu einer unterrichtseingebundenen wie auch zu einer unterrichtsfreien Gruppenarbeit[65].

4.1 Erfahrungshintergrund

Immer wieder wurden in und mit Schulen folgende Erfahrungen[66] gemacht:

- Es gibt in der Lehrerschaft durchaus Personen, die sich dem Thema öffnen, die ein intensives Interesse zur Auseinandersetzung und zu einem gemeinsamen Lernprozeß mitbringen.
- Allerdings handelt es sich um eine Minderheit. Manche Schulen, viele Lehrer erklären, es gebe bei ihnen kein Gewaltproblem.
- Manche Lehrer lassen sich - eben auch durch Streetworker - für eine Befassung mit dem Thema gewinnen; andere (viele) nicht.

---

[65] z.B. in der Schule selbst nachmittags, nachts und am Wochenende.

[66] Tatsache ist, daß sich die politische Bildung des Themas bereits vor Jahren angenommen hat. Das Institut für Praxis und Theorie der Schule (S-H) führte eine Serie einschlägiger Angebote durch. Die Anstrengungen des Kultusministeriums und der Landeszentrale für Politische Bildung in Schleswig-Holstein sind unverkennbar. Eine Frucht dieser Anstrengungen war u.a. die gutachterliche Stellungnahme zur Gewalt an schleswig-holsteinischen Schulen. Das Gesagte gilt gleichwohl, wir beziehen uns auf Erfahrungen aus den letzten drei Jahren.

- Keineswegs sind die am stärksten belasteten Schulen (Lehrer) auch diejenigen, die an einer Kooperation mit Straßensozialarbeitern interessiert sind.
- Lehrer mit Kompetenzen im Themenbereich Gewalt sind sich nicht zu schade, Straßensozialarbeiter (oder andere potentielle „Fachleute") hinzuzuziehen, während andere sich vor einer Delegation von Kompetenzen eher scheuen.
- Der hochnützliche - pragmatische, aber inhaltlich vom deutschen Sprachgebrauch erheblich abweichende - Gewaltbegriff der skandinavischen Initiative gegen Gewalt in der Schule[67] ist bei den meisten hiesigen Lehrern nach wie vor so gut wie unbekannt.
- In der Regel wird dem Faktor der „strukturellen Gewalt" in der Schule nicht hinreichend Aufmerksamkeit gewidmet.
- Pragmatische gewaltpräventive Maßnahmen, die von dem skandinavischen Projekt nahegelegt werden, sind selten bekannt und werden nicht umgesetzt.

Aus diesen Gründen scheint es uns geraten, diejenigen Anteile der oft zitierten OLWEUS-Studie, die Streetworkern und Lehrern für die praktische Arbeit in der Schule besonders dienlich sind, hervorzuheben.[68]

Noch einmal sei betont, daß es außerordentlich positive Beispiele einer gemeinsamen Arbeit von Streetworkern und Lehrern am The-

---

[67] Wir greifen hier auf das Handbuch von OLWEUS (1994) zurück, das seinerseits auf einem 1983 veröffentlichten Forschungsbericht von OLWEUS und ROLAND über umfangreiche (repräsentative) empirische Untersuchungen an norwegischen und schwedischen Schulen und einem in Schweden 1986 veröffentlichten Handbuch des Norwegers DAN OLWEUS fußt. Übrigens ignorieren auch HURRELMANN u.a. 1996 in „Gegen Gewalt in der Schule. Ein Handbuch für Elternhaus und Schule" diesen Ansatz.

[68] Wir wiederholen hiermit einen Versuch innerhalb des Projekts, der aus verschiedenen (unter „Fortbildung" genannten) Gründen nicht alle Adressaten fand.

ma Gewalt in der Schule gegeben hat. Unsere Darstellung geht hinter den dort erreichten Kenntnisstand zurück. Die von uns gewählten Gewaltbeispiele haben nicht den Sinn, „Schule heute" zu repräsentieren oder ein „gerechtes Bild" der Schule zu malen, vielmehr sollen sie zeigen, wo (oft unbemerkt) Gewalt im Spiel ist.[69]

4.2 „Mobben"

An die Stelle der Gewaltkategorie tritt die (individualisierte) Kategorie des „*Mobbens*". Mobben meint wiederholte Aggressionen unter Voraussetzung eines Machtverhältnisses.

Für den Handbuchzweck wurde der Begriff unter dem Thema „*Schule*" weiterhin speziell zugeschnitten und „verbeispielt":

„Ein Schüler oder eine Schülerin ist Gewalt ausgesetzt oder wird gemobbt, wenn er oder sie wiederholt und über eine längere Zeit den negativen Handlungen eines oder mehrerer anderer Schüler und Schülerinnen ausgesetzt ist".[70] *„Negative Handlung"* ist ein anderer Ausdruck für Aggression in Form von *„ Verletzungen oder Unannehmlichkeiten",* die *„jemand absichtlich einem anderen... zufügt"*[71] Dies mag *verbal* geschehen etwa *„durch Drohen, Spotten, Hänseln und Beschimpfen"* als auch durch *Körperkontakt,* indem *„jemand einen anderen... schlägt, stößt, tritt, kneift oder festhält",* aber schließlich auch *„durch Fratzenschneiden oder schmutzige Gesten, oder indem man jemanden von einer Grup-*

---

[69] Wenn man so will, handelt es sich um eine didaktische Schlußfolgerung aus Erfahrungen innerhalb und außerhalb der Projekte, die, wie eingangs erwähnt, der Fragestellung folgt: Was sollten Streetworker und Lehrer wissen, wenn sie anfangen, sich mit dem Thema zu beschäftigen?

[70] Olweus 1994, S. 12.

[71] ebenda.

pe ausschließt oder sich weigert, den Wünschen eines anderen entgegenzukommen",[72] also psychisch.[73]

Das „Täter-Opfer-Verhältnis" und die Machtstruktur zwischen Aggressor/en und Angegriffenem/n wird in den Mittelpunkt gestellt. Zugleich wird der Begriff des Mobbens der herkömmlichen Bedeutung einer Gruppenaktion gegen einen einzelnen enthoben. Mobben geschieht in diesem Sinne auch durch einen einzelnen Mächtigen gegen einen einzelnen Schwächeren. Der fraglose Vorteil dieses Begriffs liegt in der Augenfälligkeit des in vielen Verhaltensweisen und Situationen präsenten einseitigen Machtverhältnisses. Eine Sensibilität hierfür zu entwickeln, dürfte die erste gewaltpräventive Aufgabe von Schulpädagogen sein.

4.3 Zur Lehrer-Rolle

Wenngleich der Olweus-Ansatz dies nicht ausdrücklich vorsieht, erblicken wir in der Möglichkeit von Lehrern, der *eigenen Rolle* Beachtung zu schenken, eine weitere wesentliche Aufgabe der Thematisierung von Gewalt bzw. Mobben in der Schule.[74]

So mag die analytische Anwendung der Kategorie „Mobben" die Perfidie eines Wettrechnen offenbaren, bei dem die richtige Antwort zum Hinsetzen des Schülers berechtigt und der (immer wie-

---

[72] OLWEUS 1994, S. 12/13.

[73] Dieser Ausdruck wird aber nicht verwendet.

[74] Manches hiervon wird bei OLWEUS indirekt, „konstruktiv", ausgedrückt. Lehrer und Eltern sind in den von ihm vorgeschlagenen Interventionsprogrammen eingeschlossen. Er konnte bei seinen Programmen offenbar von einem kooperationsbereiten (norwegischen und schwedischen) Ambiente ausgehen. Dem Zweck dieses Berichts hingegen entspricht es, Streetworkern und Leuten, die mit gewaltgefährdeten Schülern zu tun haben, möglichst direkt mitzuteilen, worauf es ankommt und worauf zu achten ist.

der) Langsame bloßgestellt wird; ebenso eines Wahlverfahrens im Sportunterricht, bei dem die Besten zuerst und die (schon immer) „Schlechten" zuletzt (und womöglich unter Buhrufen) „genommen" werden. Auch das Bestehen auf Sportarten, die manche zu unbeliebten Außenseitern machen, ist in diesem Sinne gewaltträchtig. Es mag sein, daß in manchen Fällen die erneute Strafarbeit oder Eintragung ins Klassenbuch, wiederholte sarkastische Bemerkungen gegenüber einem bestimmten Schüler, selbst die hochgezogene Augenbraue und entwertende pantomimische Bewegungen den Tatbestand des Mobbens erfüllen, in anderen Fällen aber gewiß nicht. Wesentlich für den Tatbestand des „Mobbens" ist die wiederholte negative Handlung und die Betroffenheit dessen, auf den sie zielen.

Wir befinden uns an dieser Stelle auf außerordentlich heiklem pädagogischen Terrain, denn ob gemobbt wird oder nicht, ist keine objektive Frage. Vielmehr geht es um die nicht ohne weiteres einsehbare Erlebniswirklichkeit des Gemobbten. Und dessen Wahrnehmung kann (wie uns insbesondere die Biografieforschung lehrt) erheblich von Absicht und Wahrnehmung des Pädagogen abweichen.

4.4 Gewaltstrukturen in der Schule - Grenzen des Erkennens

Es bietet sich an, den Ansatz auf *strukturelle Gewalt in der Schule* hin zu erweitern. Das System der Notenvergabe selbst, die Art und der Umgang mit der Benotung gegenüber den Schülern im allgemeinen und gegenüber bestimmten Schülern im besonderen können in den selbstkritischen Blick geraten. Entscheidend sind Machtverhältnis, Wehrlosigkeit und Leiden. Dem Pädagogen mag bewußt werden, daß seine Macht wächst, je stärker das (positiv oder negativ getönte) emotionale Band zwischen ihm und dem/n Schüler/n ist. Und es mag durchaus geschehen, daß nicht aggressiv gemeinte Handlungen in einem strukturell vorgegebenen und emotional gefestigten (gleichwohl dem Pädagogen nicht bewußten) Gewaltverhältnis vom Schüler aggressiv gedeutet werden und Verheerungen anrichten, an denen ein Rachemotiv emporwächst.

Aber jenseits der eigenen Rolle und der strukturellen Bedingungen des schulischen Geschehens ist der Blick zu schärfen für alle möglichen Arten wiederholter negativer Handlungen gegenüber einzelnen. Eine günstige Mitgift für den Lehrberuf mag eine eigene umwegige oder nicht reibungslose Schulkarriere sein. Bisweilen ist ein solcher Lehrer eher geneigt, dem Außenseiter, dem schwachen oder „schlechten Schüler", dem Klassenclown, dem Ängstlichen, dem Zurückgezogenen oder auch dem „Tunichtgut" Sympathie entgegenzubringen. Und es mag schwerer für denjenigen Lehrer sein, Gewaltverhältnisse im Unterricht selbst zu erkennen, dem mehr als alles die Reibungslosigkeit des Unterrichtsgeschehens, das Wohl der Majorität am Herzen liegt, auf das ja der primäre Auftrag der Schule, die Lehrpläne, die Didaktiken und die pädagogische Aufmerksamkeit gewöhnlich abzielen.

Es hieße aber, die Schule (Lehrer) mit psychologischen und pädagogischen Aufgaben zu überfrachten, verlangte man die allzeitige pädagogische Wachsamkeit für derartige Vorgänge, hat man es doch immer auch mit Gruppen zu tun und richtet sich die Didaktik doch tatsächlich notgedrungen in aller Regel auf das Wohl möglichst vieler bzw. der meisten. Und letztlich ist *Sensibilität für das Gewaltthema nicht zu verordnen* geschweige denn „flächendeckend" erwachsenen Menschen zu vermitteln, zumal wenn diese von Berufs wegen als Spezialisten für die Arbeit mit Menschen und vom Alter her als „fertige" Persönlichkeiten gelten.[75]

---

[75] Je mehr das Lehrer-Selbstbild solchen Fremdbildern entspricht, desto unwahrscheinlicher werden Offenheit, Beinflußbarkeit und entsprechende Lernvorgänge.

Immerhin sollte es *möglich* sein, die *pädagogische Aufmerksamkeit für den „krassen" Fall von Mobbing-Anzeichen* zu schärfen.

(Natürlich kann es Mobben in sämtlichen Beziehungen und aggressiven Interaktionen in der Schule geben, also zwischen Schülern, Lehrern/ Schülern, Schülern/ Lehrer,[76] Lehrer/ Lehrern, ggf. Verwaltungspersonal[77]/ Lehrern, Verwaltungspersonal/ Schülern. Es ist überdies anzunehmen, daß Gewaltverhältnisse zwischen den genannten Gruppen auf Gewaltverhältnisse zwischen anderen Gruppen einwirken. Wiewohl es im Einzelfall des Schulalltags notwendig sein mag, solche Zusammenhänge zu erkennen, befassen wir uns hier nicht damit.)

4.5 Erkenntnisse zum Thema Gewalt in der Schule

Nach unserer Erfahrung dient es dem Zweck der Sensibilierung für das Thema am besten, die grundsätzlichen Linien der empirischen Befunde der Olweus-Studie hervorzuheben. *Gemobbt wird* in der Regel (wenn auch nicht immer)

- der Schwächere durch den Stärkeren,
- der Kleinere durch den Größeren,
- der Jüngere durch den Älteren,
- Mädchen vor allem durch Jungen,
- Jungen mehr physisch, Mädchen mehr psychisch,
- Einzelne durch Gruppen (was den Lehrer durch eine Klasse einschließen kann).

Am häufigsten kommt Mobben vor

- nicht außerhalb der Schule (auch nicht vorwiegend auf

---

[76] Hier ist der Fall des „Fertigmachens" eines Lehrers durch eine Klasse gemeint.
[77] bis zum Hausmeister einschließlich.

dem Schulweg, wie Lehrer immer wieder behaupten),[78] sondern
• auf dem Schulhof, auf den Gängen und in den Toiletten

Während DAN OLWEUS eine ausführliche Reihe von Maßnahmen
der Gewaltintervention vorstellte,[79] die in der skandinavischen
Schulpraxis durchgeführt wurden, heben wir lediglich einige[80] der
zentralen *pragmatischen Erkenntnisse* hervor:

• Gewaltprävention in der Schule beginnt mit der
  verbindlichen Beschäftigung der Lehrer mit dem Thema.
• Möglichst alle Lehrer und alle Schüler sollten beteiligt sein.[81]
• Vor jeder näheren Befassung mit dem Thema des Mobbens
  lassen sich pragmatische Maßnahmen zur Reduktion
  physischer Formen des Mobbens (von Gewalt) durch
  Erhöhung der sozialen Kontrolle erreichen! Verdopplung
  der Pausenaufsichten und der Toilettenkontrolle führen zur
  sofortigen Abnahme einschlägiger Vorkommnisse.[82]

Übrigens sollte nicht die Frage nach der tatsächlichen Verschär-
fung des Gewaltproblems an Schulen im Mittelpunkt des Interes-

---

[78] wovon auch bei HURRELMANN u.a. (1996 S.83ff.) die Rede ist, ohne weitere empirische Begründung.

[79] Entsprechende Anregungen finden sich auch bei HURRELMANN u.a. 1996.

[80] Die ausführliche didaktische Aufbereitung über Schulkonferenzen, Klassenregeln
u. a. muß wohl eher den „Eingeweihten" überlassen bleiben. (Vgl. bei OLWEUS 1994,
Teil II: Was wir gegen Gewalt tun können, S. 28 ff.). Überdies ist es problematisch,
Streetworkern und Lehrern Didaktiken „überzustülpen". Und an einem individuellen
Zugang zum Thema entscheidet sich u.a. die pädagogische Glaubwürdigkeit.

[81] Dies ist kein Widerspruch zum zuvor Gesagten. Beschäftigung mit dem Thema
bedeutet noch keine Sensibilisierung. Empathie ist schwer vermittelbar, rationale
Aufmerksamkeit vielleicht weniger.

[82] Diese scheinbar harmlose und unverzüglich realisierbare Maßnahme führt fast
zwangsläufig zu der interessanten Fragestellung, in welchen Fällen von Aggression
und ggf. wie einzuschreiten ist. Die Maßnahme kann daher als Aufhänger der
grundsätzlichen Befassung mit dem Gewaltthema dienen.

ses stehen. Diese Frage lenkt nach aller Erfahrung eher ab. Zum einen gibt es keine zwingenden Beweise für eine quantitative Zunahme von Gewaltvorkommnissen,[83] wohl aber den einhelligen Eindruck einer „Brutalisierung in der Spitze" (also einer Zunahme der Gewaltqualität bei manchen Vorkommnissen, z.B. durch Waffengebrauch),[84] zum anderen führt die Frage weg von den Phänomenen und Verhältnissen der alltäglichen Gewalt und damit auch von der pädagogischen Verantwortung und Selbstreflexion.

4.6 Interventionsgrenzen

Jeder, der sich mit dem Thema „Gewalt in der Schule" näher befaßt hat, weiß, daß die schulinterne Behandlung des Problems zwar nützlich ist, daß aber seine Wurzeln weniger dort zu finden sind als in (desolaten) familiären Umständen einerseits und in (Stress und Verlierer produzierenden) gesellschaftlichen Konkurrenzbedingungen andererseits. *Die Schule kann die Umsetzung latent vorhandener Gewaltverhältnisse fördern, hemmen oder vor Ort verhindern. Sie kann darüber hinaus für das Thema sensibilisieren und Anregungen für Verhaltensänderungen vermitteln. Jedoch kann sie nicht die Ursachen von Gewalt wirksam und grundsätzlich bearbeiten.*[85] *Streetworker* hingegen haben die Chance, an diesen „Nahtstellen von Schule zur Lebenswirklichkeit" anzusetzen. Die Chancen eröffnen sich in *außerschulischen* Begegnungen mit gewaltgefährdeten Kindern und Jugendlichen, sei es *indviduell* oder in *Cliquenformation*. Dies bedeutet nicht, daß Streetworker im Einzelfall geeignet und ohne weiteres in der Lage wären, verheerende

---

[83] Dies stellen zusammenfassend auch FERSTL u.a. (1993, S.19) und OLWEUS (1994, S.15) und HURRELMANN (1996, S.12) fest.

[84] ebenda.

[85] von Einzelfällen der Elternarbeit, der Schülerpatenschaften u. dgl. abgesehen.

Biografien aufzuarbeiten, geschweige „zu heilen". Allerdings können verschiedene Hilfen jenseits des Schulzusammenhangs dem/der Betroffenen helfen, Lebensbewältigungsstrategien zu entwickeln.[86]

Bisweilen ist der Straßensozialarbeiter der erste *Erwachsene*, der dem Jugendlichen *zuhört*, der ihn ernst nimmt. Hieraus erwachsen nicht selten erhebliches Zutrauen, später Vertrauen, Bereitschaft zu lernen, Zuversicht, Mut usw.

Besondere *Gruppenaktivitäten* (nicht nur solche der Erlebnispädagogik) können biografisch einschneidend wirken. Der Wechsel in fremde Umgebungen (bei Reisen), neue Erfahrungen und Herausforderungen (sich Zurechtfinden in der Fremde), der Zwang, sich unter ungewohnten Umständen selbst zu erhalten (Essen, Kochen, Schlafen, mit Geld umgehen), durchzuhalten (bei der Kanufahrt), mit anderen auf engem Raum zu leben (in der Berghütte etwa), die Entdeckung zuvor verborgener Welten (Natur,[87] Kultur[88]) bringen im Einzelfall persönlichkeitsstabilisierende Lernprozesse mit sich.

Konkrete *Hilfen* bei Konflikten in der Schule, mit Polizei und Justiz, bei Behördengängen, im Umgang mit Formularen u. dgl. können Karrieren beeinflussen (indem sie z.B. zunächst einmal das Schlimmste abwenden und Planen möglich machen).

---

[86] Die folgenden Verallgemeinerungen stützen sich auf Erfahrungen und Praxisbeispiele aus unseren Projekten. Daß sie teils den Erfahrungen anderer Streetworkerprojekte entsprechen, ist kein Zufall. (Vgl. z.B. Heim u.a. 1992, S.10ff; Krafeld u.a. 1993, S. 62) Die Formulierung in Thesenform erscheint uns daher angemessen.

[87] etwa beim Höhlenklettern, in den Bergen, auf und unter dem Wasser.

[88] Die „absurde" Bedingung eines mindestens halbstündigen Museumsbesuchs einer Clique gewaltgefährdeter Jugendlicher in einer deutschen Metropole erbrachte eine verblüffende Erfahrung. Mehrere Jugendliche verbrachten viele Stunden im Museum, und einige kehrten anderntags dorthin zurück.

Streetworker können den *Zugang zu einer Gruppe/Clique*, gelegentlich zu einer Einrichtung (Jugendzentrum, sogar Sportverein) ebnen. Die Orientierung auf das Gemeinwesen hin und die Kenntnis von Netzwerken kommt ihnen und ihren Klienten dabei zupaß.

Streetworker verfügen also über besondere Zugangschancen zur Bearbeitung von Gewaltproblemen, die sich in der Schule manifestieren. Allerdings gilt auch bei ihnen das, was über pädagogisches Personal grundsätzlich gesagt werden kann und worauf wir bereits mehrfach hingewiesen haben. Engagement, fachliche Voraussetzungen und Glaubwürdigkeit entscheiden über den Erfolg der Arbeit. Nach allem, was wir wahrgenommen haben, glauben wir, daß manche Streetworker für die Arbeit in den Schulen, mit Lehrern und Schülern mehr in Frage kommen als andere. Arbeitsteilung und Fortbildung mögen im Einzelfall weiterhelfen.

Zwei Probleme verdienen (namentlich bei der Planung von Schulprojekten) besondere Aufmerksamkeit: Die potentiellen Rollenkonflikte von (akademisch ausgebildeten) Lehrern und (teils vorakademisch ausgebildeten) Streetworkern zum einen und die schulische Zeit- und Organisations-Struktur und Klassengruppenpädagogik zum anderen. Bisweilen zeigt sich eine Abwehrhaltung auf seiten von Lehrern gegenüber den (systemexternen, vielleicht sogar im Outfit auffälligen) Eindringlingen in das eigene Terrain, während bei letzteren Ängste und Aggressionen gegenüber einer Einrichtung latent sein mögen, mit der man keine guten Erinnerungen verbindet. Und die Konfrontation mit der klassenstarken Gruppe - womöglich (anfangs) im 45-Minuten-Takt - ist nicht jedes Straßensozialarbeiters Sache. Hier erweist sich erfahrungsgemäß ein *sanfter Einstieg* über Vorbereitungsgespräche und den Aufbau eines gewissen („interprofessionellen") Vertrauens als nützlich.

Problematisch erscheint uns dagegen der Fall, in dem Streetworker in eine pure Expertenrolle gedrängt werden. Man lädt die professionellen „Gewaltverhinderer" ein, lehnt sich gleichsam erwartungsvoll zurück und „läßt sich Rat geben". Die Versuchung scheint groß auf beiden Seiten. Derartige Veranstaltungen (die wir öfter zu Beginn der Projekte konstatierten) entheben die Beteiligten der konkreten Verantwortung.[89] Erst die Teilnahme der Schüler und eine gewisse Kontinuität einer nicht nur theoretischen Beschäftigung mit dem Thema ermöglichen Lernerfolge.

---

[89] In unseren Projekten gab es anfangs regelrechte Interview-Serien. Eine Zeitlang war davon die Rede, daß man sich vorstelle, Lehrern und Jugendlichen bekannt mache. Später gab es die unbehagliche Rückmeldung, man fühle sich wie der „Affe im Zoo", und Zweifel am Sinn derartiger Veranstaltungen wuchsen, zumal wenn ihnen nichts weiter folgte.

5. Rekrutierungsprobleme

5.1 Zielunsicherheit[90]

Die Rekrutierungsproblematik begann in unseren Projekten mit der *Unsicherheit von politischen Entscheidungsträgern und Trägervertretern hinsichtlich der Ziele der Arbeit.* Die Zielbestimmung auf dieser Ebene bestand etwa in der sehr ungefähren Feststellung, man müsse etwas gegen manifeste oder potentielle Jugendgewalt tun. Und zwar sollten die jungen Leute irgendwie beschäftigt, von der Gewalt abgebracht und in vernünftige Bahnen gelenkt werden. Die Projektbedingung „Dialog mit der Polizei" hat zweifellos geholfen, den Blick der Verantwortlichen bei der Rekrutierung der Streetworker immerhin auf die gewaltgefährdete Klientel zu lenken.

Unklar oder offen war dabei in der Regel die Bestimmung von „*Gewalt*"[91] und die nähere Beschreibung des Zieles „*Gewaltreduzierung*". Bei unseren Projekten setzten die beteiligten Einrichtungen und Träger bzw. Personalrekrutierer entweder eine nicht weiter zu diskutierende Gewaltentwicklung voraus (was etwa im Falle Mölln plausibel schien) oder aber sie sparten das Thema aus und sprachen in sehr allgemeiner Weise von „Prävention".[92]

---

[90] Wir hegen die Vermutung, daß die im folgenden dargestellten Erfahrungen keine zufälligen und historisch einmaligen im Bereich der gegenwärtigen Jugendarbeit sind. Sicher gibt es die Option der Generalisierbarkeit. Andererseits ist unser Ziel nicht die Geißelung von einzelnen Fehlern und Irrtümern. Daher wählten wir auch an dieser Stelle die Vergangenheitsform und kennzeichnen die Schlußfolgerungen stets auch grammatikalisch. D.h. die Verallgemeinerung wird als solche ausgewiesen.

[91] Das identische Problem berichten GRENZ/SIELERT (1996) in einem ersten Evaluationsbericht des Projektes „Sport gegen Gewalt" aus Schleswig-Holstein.

[92] Dies war der Lübecker Sprachgebrauch. Es handelte sich hier um einen großen infrastrukturell vernachlässigten Einzugsbereich, in dem Jugendgewalt bislang nicht

Für die Rekrutierung der Streetworker hatte dies u.a. zur Folge, daß das Gewaltthema selbst ebenso wie das Thema des Rechtsextremismus in den Einstellungsgesprächen nicht unbedingt im Vordergrund stand. Es ging eher um die Frage: Trauen wir dieser Person zu, mit schwierigen Jugendlichen umzugehen? Was hat der Kandidat an Angeboten zu bieten?[93]

Hierin steckte ein Nachteil und ein Vorteil. Es gab in einem der Projekte zeitweise die Tendenz, rechtsradikale politische Gefährdung[94] wie auch (aktive und passive) Gewaltgefährdung aus dem Auge zu verlieren. Natürlich ist eine solche Neigung keineswegs nur (oder primär) auf eine unklare Zielvorgabe zurückzuführen. Diese hätte aber wohl mehr Irritierung bewirkt. - Und ohne wissenschaftliche Begleitung wäre die Irritierung vielleicht gänzlich ausgeblieben. -

Auf der anderen Seite läßt sich im Nachherein sagen, daß die Vagheit der Zielvorgaben den realen Verläufen insofern dienlich war, als sich schnell zeigte, daß rechte Gewalt infolge der politischen Ächtung, der polizeilichen Verfolgung und der medialen Darstellung bei denjenigen Jugendlichen aus der Mode kam, die gelegent-

---

manifest war. Das Jugendamt begründete sein Interesse an der Installation von Straßensozialarbeit kurzerhand mit dem Ziel der Gewaltprävention. Tatsache ist, daß die bekannt gewordenen Gewaltakte in anderen Stadtteilen vorkamen und gleichsam den Hintergrund der Argumentation bildeten - nach dem Motto: Wenn wir verhindern wollen, daß so etwas auch hier stattfindet, dann müssen wir Jugendarbeit anbieten.

[93] Bedauerlicherweise mußten wir gelegentlich feststellen, daß diese Frage den Träger der Maßnahme nicht wirklich interessierte. Vielmehr waren anscheinend ökonomische und arbeitsrechtliche Gesichtspunkte ausschlaggebend für Personalentscheidungen.

[94] So wurde etwa eine Antifa-Gruppe zum dringenden Objekt der Straßensozialarbeit erklärt.

lich als „Mitläufer" beschrieben wurden.[95] D.h. viele der politisch beeinflußten oder beeinflußbaren Jungen und Mädchen[96] wandten sich bereits in den Jahren 1994 und 1995 Aktivitäten zu, die politisch nicht unbedingt faßbar oder bedeutsam waren. Dies heißt aber nicht, daß die gewaltgefährdenden Konstellationen (etwa in der Familie oder was davon übrig ist oder in der Schule, in der Clique usw. einerseits und in wirtschaftlichen Problemlagen andererseits) im Schwinden begriffen waren. Die Straßensozialarbeiter mußten sich an den „Notwendigkeiten der Straße" orientieren.[97] Eine allzu starre Definition des Auftrags hätte da gestört. - Allerdings dienten mehrere Treffen der Streetworker mit der wiss. Begleitung besonders in der Anfangsphase der Vergewisserung, „das Richtige mit der richtigen Klientel" zu veranstalten. -

5.2 Wirklichkeitsdifferenzen

Soweit bei der Rekrutierung gewaltproduzierende Lebensbedingungen angesprochen wurden, geschah dies in der Regel in der Form des bedauernden Registrierens. Unser Eindruck war, es handelte sich da für diejenigen, die die Entscheidungen zu fällen hatten, eher um Exotika aus einer anderen, leider schlechteren Welt. Gewiß ist die allgemeine Tendenz zur Distanz zwischen denjenigen, die Einstellungsentscheidungen für Straßensozialarbeiter fällen, und denjenigen, die hiervon betroffen sind, nichts Neues.

---

[95] Diese Formulierung berücksichtigt bereits die Einsicht, daß überzeugte und organisierte Gesinnungstäter in der Regel durch Straßensozialarbeit nicht erreichbar sind. Letztere richtet sich vorwiegend auf das Umfeld bzw. die zitierten Mitläufer.

[96] Die Mädchen stellten stets eine kleinere Gruppe.

[97] Dies ist ein Symbolbegriff. Er zielt ab auf das Aufgreifen von jugendlichen Problemlagen, die den Straßensozialarbeitern mehr oder minder buchstäblich über den Weg laufen. Dies können individuelle oder solche der Gruppe sein.

Diese Differenz der Wirklichkeiten mag eine Ursache dafür sein, daß institutionelle Gewaltstrukturen (etwa in der Schule) auf seiten der Rekrutierer selten gesehen und/oder angesprochen wurden. Vermutlich handelt es sich hier um ein ständiges Dilemma der offenen Jugendarbeit: Daher scheint eine theoretische Fassung der Problemstellung angemessen und möglicherweise hilfreich:

Jugendarbeit im allgemeinen und Straßensozialarbeit im besonderen setzen eine gewisse Kenntnis der jugendlichen Wirklichkeiten, möglichst Erfahrungen vor Ort und eine Einstellung voraus, die vielleicht mit dem Begriff der *„subkulturellen Solidarität"* umschrieben werden kann.

„Subkulturelle Solidarität" soll soviel heißen wie die Fähigkeit, Verständnis und Sympathie für diejenigen Jugendlichen aufbringen zu können, die aus dem Raster allgemeiner Akzeptanz fallen, deren Verhalten im Einzelfall unannehmbar ist und deren Einstellungen und Meinungen man nicht teilt. Es soll auch heißen, daß man imstande ist, jenseits manchen Streitpunkts „normale" (u.a. auch entspannte) Beziehungen mit dem/der/den Betroffenen unterhalten zu können.

Subkulturelle Solidarität dürfte auf dem Boden einer gewissen Nähe zwischen den Erlebniswirklichkeiten der Akteure (der Jugendlichen und der Jugendarbeiter) oder aber einer ausdrücklichen Entscheidung für eine „Anwaltsrolle" gedeihen. Die hochwahrscheinlichen („kultürlichen") „Wirklichkeitsdifferenzen" zwischen politischen und institutionellen Entscheidungsträgern (bzw. Personalrekrutierern) und den anvisierten Klienten der Straßensozialarbeit können jedenfalls einen angemessenen Rekrutierungsprozeß behindern. So setzt subkulturelle Solidarität die Kenntnis und zumindest teilweise Beherrschung jugend- (und teils auch ethnischer und cliquen-) typischer

Kommunikationsformen, aktuell betonter Bedürfnisse und bevorzugter Rituale voraus. Hierin unkundige Rekrutierer haben es naturgemäß schwerer, solche Fertigkeiten zu erkennen.

Immerhin fanden Maßnahmenträger hier im Einzelfall eine scheinbar elegante Lösung: Sie engagierten Leute, die - wie per Biografie bekannt - der Klientel mutmaßlich nahestanden. Nun, dies ist durchaus eine Möglichkeit, wie sich zeigte.

Allerdings hat diese Methode auch ihre Grenzen. In einem Fall wurde die Aufgabe der Personalrekrutierung für ein anderes Projekt von dem Träger auf die Streetworker selbst delegiert, d.h. deren Votum spielte für die Entscheidung für oder gegen die Kandidaten eine wesentliche, vielleicht sogar ausschlaggebende Rolle.[98] (Nur am Rande sei erwähnt, daß man es immerhin unterließ, die Straßensozialarbeiter für Fehlentscheidungen zur Verantwortung zu ziehen.)

5.3 Berufliche Qualifikation der Streetworker - der Arbeitsmarkt

Indem wir die Qualifikationen aufzählen, die zu verschiedenen Zeitpunkten in unseren Projekten vertreten waren, verdeutlichen wir das Ausbildungsdilemma: zwei Erzieher, eine Kindergärtnerin,[99] zwei umgesattelte Lehrer, ein ehemaliger Student des Lehramts, eine

---

[98] Die Anonymität der Betroffenen ist an dieser Stelle besonders wichtig. Wir wahren sie, indem wir Nachfragen zurückweisen. Die Erfahrung als solche aber muß mitgeteilt werden. Sie disqualifiziert nach unserer Auffassung die Verantwortlichen. Der bemerkenswerten Tatsache, daß die zu Entscheidungsfindern gemachten Streetworker selber den formalen Qualifikationskriterien nicht genügten, wurde von Trägerseite weiter keine Aufmerksamkeit gewidmet.

[99] Die eigenartige Differenzierung ergibt sich aus einem einschlägigen Qualifikationsprofil.

Sozialpädagogin, die Berufsanfängerin und keineswegs auf Streetwork spezialisiert war, ein Sozialarbeiter aus dem Bereich der Resozialisierungsarbeit, eine höhersemestrige Studentin der Sozialpädagogik mit vorheriger Erzieherinausbildung.

Überdies sind die einzigen beiden formal qualifizierten Berufsträger (die über eine Sozialarbeiterausbildung verfügten) aus der Arbeit ausgeschieden.

Tatsache ist, daß *der Arbeitsmarkt kaum einschlägig für die Straßensozialarbeit qualifizierte Sozialpädagogen bereithält*, daß nicht einmal günstige Entlohnungsbedingungen[100] evtl. vorhandene Fachkräfte in dieses Arbeitsfeld zu locken vermögen und daß sich Frauen schlechter als Männer für dieses Arbeitsfeld gewinnen lassen.[101]

Bekanntlich erfordert Streetwork nicht nur die *Auseinandersetzung mit und Nähe zu Klienten, mit denen die meisten Pädagogen lieber nichts zu tun haben wollen*, sondern auch außerordentlich *ungemütliche Arbeitszeiten*, besonders abends und an Wochenenden. Der *Ausgleich von Beruf und Privatleben ist im Einzelfall schwierig*. Auf der anderen Seite steht eine erhebliche *gestalterische Autono-*

---

[100] Mit einer geplanten Eingruppierung nach BAT IV b bzw. IV a für Sozialpädagogen lagen die schleswig-holsteinischen Projekte hinsichtlich der Bezahlung im bundesweiten Vergleich weit oben. Krebs 1990, S. 64 stellte bei einer Befragung von 98 Streetworkern fest, „daß die Eingangsstufe in diesem Arbeitsfeld offensichtlich die Gehaltsklasse V b mit einem Bewährungsaufstieg nach IV b" ist, was als „unglückliche, viel zu niedrige Bezahlung" beklagt wurde.

[101] Dabei wären erstens Teams anzustreben, um den mit einem „Einzelkämpfertum" verbundenen Erscheinungen vorzubeugen und keine Versorgungsengpässe hinsichtlich der Klientel (durch Urlaub, Krankheit etc.) aufkommen zu lassen; und zweitens sind gemischtgeschlechtliche Teams wünschenswert, um Jugendlichen eine Auswahl hinsichtlich des/r Ansprechpartner/in zu ermöglichen und ggf. geschlechtsspezifische Probleme aufarbeiten zu können.

mie der pädagogischen Arbeit, deren Verlockung anscheinend aber nur wenige Pädagogen erliegen.[102]

Natürlich gibt es keine leichter zu ziehende Schlußfolgerung als die Aufforderung an die Ausbildungsstätten (Fachhochschulen), durch einschlägige Ausbildungsangebote Abhilfe zu schaffen. Indes ist damit der aktuellen Situation auf dem Arbeitsmarkt nicht beizukommen.[103] Und überdies scheint fraglich, ob es tatsächlich primär um die formale Qualifkation geht.

5.4 Spezialwissen, -kenntnisse, -fertigkeiten und Lebensweltnähe

Wir haben bereits früher[104] von einem finsteren Kapitel für die (sozial-) pädagogische Theorie gesprochen. Bekanntlich gibt es im pädagogischen Bereich keine mechanische Beziehung zwischen Wissen, Kenntnissen, Fertigkeiten und der Qualität der Praxis. Dies trifft nach unserer Beobachtung gerade auch auf die Straßensozialarbeit zu.

Befassen wir uns zuerst mit der Sparte „Spezialwissen", dessen Vorhandensein man ja gern zur Voraussetzung der Einstellung von Streetworkern machen würde. Denn natürlich ist es ein leichtes, beispielhaft Wissenselemente zu benennen, die für Streetworker unverzichtbar scheinen, etwa:

---

[102] BAETCKE/BAUER u.a. 1990, S. 50 verweisen aber auch auf den Nachteil von „Offenheit und Flexibilität in der Ausgestaltung des Alltags": Streetworker sind dadurch auch stärker gefordert, „beispielsweise Qualifikationen wie die Fähigkeit, diesen Gestaltungsraum aktiv zu strukturieren und den Mut, die damit verbundene Unsicherheit, besonders in der Eingangsphase und bei der Kontaktaufnahme, zu ertragen."

[103] In Schleswig-Holstein z.B. sind die ersten einschlägig ausgebildeten Sozialpädagogen (mit einer 1997 zur Verfügung stehenden Ausnahme) nicht vor 1999 zu erwarten.

[104] in einem Reflexionsbeitrag, der die Zwischenberichte ergänzte.

- Personale, gesellschaftliche, politische Ursachen rechtsextremistischer Orientierung
- Begriff und Theorien zur Entstehung und zum Ausagieren von Aggressionen
- Begriff und Theorien zur Entstehung und zum Ausagieren von Gewalt
- Begriff und Theorien zur Entstehung und Manifestation von Männergewalt und Frauengewalt
- Sucht
- sexueller Mißbrauch
- Begriff und Theorien der Entstehung und Manifestation von Ausländerfeindlichkeit und Rassismus
- Begriff und Prinzipien der akzeptierenden Jugendarbeit

Allerdings haben wir erfahren, daß es erstens verfehlt ist, das Vorhandensein solcher Wissenselemente auch bei engagierten Streetworkern vorauszusetzen, daß es zweitens ebenso verfehlt ist zu glauben, sie könnten von heute auf morgen nachgereicht werden[105], daß es sich drittens aber weder um eine zureichende noch eine Mindestbedingung erfolgreicher Straßensozialarbeit handelt. Dies ist es, was die Sache für den (sozial-) pädagogischen Theoretiker (aber wohl auch für Anstellungsträger) bitter macht.

Worin besteht der Irrtum? Die Theoretiker der Politischen Bildung haben bereits vor 25 Jahren festgestellt, daß pures Wissen im Bereich von politischen Haltungen wenig oder gar nichts vermag. Und die Pädagogik weiß vermutlich seit Platon (bzw. Sokrates), daß man sogar das Erlernen der Mathematik nicht nur als abstrakte Geistesübung verstehen sollte, da es auch hier auf das einfühlende Verstehen der verschiedenen Voraussetzungen durch den Lehrer ankommt.

---

[105] Siehe auch Kapitel 11. „Fortbildung".

Im Bereich der Straßensozialarbeit geht es (ebenso wie in der Resozialisierungsarbeit und in der Heimerziehung) immer auch um den Umgang mit Klienten, deren „Beziehungsschicksal" in der Regel durch schwere Vernachlässigung und/oder Kränkungen gezeichnet ist und deren Sonderheiten - meist psychophysische Belastungen und Beschädigungen[106] - nicht in den Horizont der meisten von uns passen.

Wissen im Sinne von bewußten gelernten Denkinhalten ist bekanntlich *das eine, Wissen im Sinne unbewußten Kennens und Erkennens ein zweites.* Es läßt sich nach unserer Erfahrung wohl nicht von der Hand weisen, daß ein einst seinerseits schwer gekränkter Pädagoge u.U. viel mehr von den gewaltgefährdeten und in der Regel traumatisierten Kindern/Jugendlichen weiß, die erklärtermaßen primäre Klienten von Straßensozialarbeit sind, als jemand, der etwa gute Klausuren über die oben genannten Themen schreiben kann. (Natürlich ist nicht auszuschließen, daß beides manchmal zusammenfällt. Allerdings geschieht das nicht allzu oft.)

Bis hierher war aber lediglich von Wissen und Haltungen die Rede, die ein Verstehen im Sinne psychischen Einfühlens (und damit das Akzeptieren der Person, unabhängig von ihren Taten)[107] ermöglichen. Alle, die sich mit Straßensozialarbeit befassen, wissen aber, daß die „erfolgreiche Tätigkeit" in diesem exotischen Sektor der Sozialpädagogik noch ein paar mehr Ressourcen braucht.

---

[106] Mit diesen gehen bekanntlich oft wirtschaftliche Problemlagen, Wohnungsnot, Arbeitslosigkeit usw. einher, was hier bei der Diskussion der Rekrutierungsfrage vernachlässigt wird. Allerdings gibt es eine hohe Wahrscheinlichkeit, daß Streetworker, die ihren Klienten lebensweltlich nahestehen, irgendwann im Leben auch mit Armut und/oder verschiedenen Notlagen zu tun hatten.

[107] wenn nicht ganz, so doch überwiegend. Dies ist bekanntlich die Kernidee der „akzeptierenden Jugendarbeit" (Siehe oben.).

Selbst-ungewisse Klienten bedürfen der Stabilisierung, der Stärkung, der Hilfen zur Autonomie, zur Emanzipation aus den (je nachdem) chaotischen oder zwanghaften eigenen Strukturen. Es dürfte einleuchten, daß etwa Ich-Schwäche als einzige Quelle sozial-arbeiterischer Kompetenz nicht ganz das ist, was weiterhilft.

Anstatt aber an dieser Stelle wie üblich nur mit einer Liste von wünschbaren Fertigkeiten aufzuwarten,[108] wollen wir eine bestimmte pädagogische Mitgift beschreiben, die eine Grundlage erfolgreicher Straßensozialarbeit bilden mag: Wir postulieren *Streetworker*, die ihrerseits einen *Prozeß von Selbst-Stärkung, von Emanzipation* (aus chaotischen oder zwanghaften Strukturen) hinter sich gebracht haben.

Es mögen solche sein, die einen erfolgreichen Kampf mit den Dämonen der Kränkung, Versuchung, Sucht usw. gefochten haben, die nicht in unüberwindbarem Erschrecken vor den Geißeln ihrer Klienten stumm werden, sondern Kampfesmut offenbaren. Möglicherweise engagiert man dann „schräge Typen", Einzelgänger, gruppenphobische, autoritätsempfindliche, bestätigungssüchtige Leute. (Ob die Wahl richtig war, ist an der Reaktion der Klienten zu erkennen, zuallererst natürlich daran, daß der Zugang zu ihnen gefunden wird.[109]

Allerdings haben wir Grund, auch auf *Gefahren* hinzuweisen, die mit der Einstellung „solcher" Leute im Einzelfall gegeben sind. Wir sehen zwei, die vielleicht zusammenhängen. Eine schwere narzißtische Kränkung etwa mag sich in einem Kontrollzwang manifestieren, im *Hang der Verfügbarmachung der Klienten* (ggf. auch der Kollegen).

---

[108] hierzu siehe z.B. GREF 1995, S.17f und vor allem 19f und GUSY u.a. 1990, S.121f.

[109] Zu unseren Erfahrungen gehört durchaus auch der Fall, daß ein solcher Zugang nicht gegeben ist, nicht wirklich gesucht wird und faktisch nicht zustandekommt! Dies wirft u.a. die heikle Frage nach Kontrolle und Evaluation auf (siehe Kapitel 10.).

Und im Einzelfall kommt es wohl auch vor, daß die Fähigkeit zur Grenzziehung verloren geht. Ein gleichsam *hilfloses Engagement* (gepaart gewiß mit der Vorstellung hoher moralischer Verantwortung) sowie physische und psychische Anspannung bringen die lebensnotwendige Dialektik von Beruf und Privatleben zum Verschwinden. Die Fähigkeit der Selbstdistanzierung und Reflexion der eigenen Praxis geht dann verloren. Der *Verlust von Privatheit* geht aber nicht nur mit einem Verlust an Kraft und einer Tendenz zum privaten Chaos einher, sondern führt über kurz oder lang auch zu einer beruflichen Überforderung.[110]

Unsere Diskussion der biografischen Mitgift potentieller Streetworker führt nach allem nicht zu einem ausweisbaren Anforderungskriterium für eine Stellenbeschreibung. (Zudem dürfte es einige Schwierigkeiten bei der Zertifizierung geben. Und wer um Himmels willen sollte beurteilen, ob so einer für den Job geeignet ist oder nicht!) Immerhin - und hier beziehen wir uns auf Erfahrungen einiger weiterer Projekte und deren Mitarbeiter - scheint bei manchem Anstellungsträger eine gewisse Sensibilität für das hier beschriebene „Anforderungsprofil" vorhanden zu sein. Man wünscht sich durchaus Menschen mit der *Fähigkeit zur emotionalen Nähe zu Klienten, um die der Rest der Welt gern einen riesigen Bogen macht.*

Soweit haben wir das kaum Operationalisierbare thematisiert. Der Bereich der Fertigkeiten steht aus. Er hängt stark mit dem Vorangehenden zusammen. Was hat den einzelnen in seinem Kampf gegen die Dämonen der Vergangenheit obsiegen lassen, woraus hat er seine Kampfeskraft geschöpft, was hat ihn in der Konkurrenzgesellschaft

---

[110] Natürlich ist dies ein klassisches Thema der Supervision. Typisch aber ist in einem solchen Fall, daß sich die betroffene Person auf Supervision nicht einläßt. Die Wahrheit ist ja unerträglich.

überleben lassen, ihm „Erfolg" verschafft? Die Formulierung deutet
die unermeßliche Breite der individuellen Antwortmöglichkeiten an.
Nach aller Erfahrung ist eine *starre Liste wünschbarer Fertigkeiten unsinnig*. Gleichwohl sind die Hinweise nicht zu übersehen, daß es einen
gewissen Bereich von Fertigkeiten gibt, mit denen man in der Straßensozialarbeit etwas auszurichten vermag. Anstellungsträger müssen schon
genauer hinsehen, was und wieviel eine/r hier zu bieten hat.

Wir reden von Bekanntem: von Angeboten im Bereich der
Erlebnispädagogik, des Sports, der handwerklichen und technischen
Praxis und der Musik. Die Erfahrungen in den Projekten laufen darauf hinaus, daß es nicht so sehr darauf ankommt, mit *welchen* Angeboten ein Streetworker aufwartet, als vielmehr auf die *pädagogische Stoßrichtung* seiner medialen oder methodischen Fertigkeiten
und die *Glaubwürdigkeit* ihres Einsatzes.

Es geht um das psychophysische Ausagieren, das Kompensieren
oder Sublimieren von Aggressionen, die Vermittlung einer Kultur
des Umgangs mit dem Körper, dem eigenen und dem des anderen.
Hierher gehören nicht nur sportliche Aktivitäten, sondern auch der
Bereich der Musik, des Tanzes, der rhythmischen Bewegung. Darüber hinaus mögen ästhetische Fertigkeiten, insbesondere im jugend-
nahen audiovisuellen Bereich, ähnliches leisten.

Zu den beliebten und im Einzelfall „erfolgreichen", „ergiebigen"
- nämlich Horizonte öffnenden und Beziehungen und Autonomie
stärkenden - Aktivitäten aller Projekte gehörten Reisen (per Kanu,
Auto, Zug, Flugzeug). Mit solchen Reisen verbunden sind eine Reihe von organisatorischen, planerischen, kommunikatorischen und
erlebnispädagogischen Anforderungen an Straßensozialarbeiter.[111]

---

[111] Es kann da z.B. auch um Fragen der praktischen politischen Bildung, der inter-
ethnischen Verständigung und Alltagsökonomie gehen.

Was die Glaubwürdigkeit des Streetworkers betrifft, so scheint eine Art *„biografischer"* - also nicht bloß mehr oder minder nachlässig qua Ausbildung angelernter, sondern routinierter und trotzdem engagierter - *Verfügung* über solche Angebote wesentlich.

Ein Problem für die Rekrutierung ergibt sich daraus, daß potentielle Streetworker womöglich nicht um die Bedeutung von Fähigkeiten wissen, die ihnen selbst vielleicht nur selbstverständlich scheinen, weil sie der *Alltagsbewältigung* dienen. Von grundlegender Bedeutung sind in der Straßensozialarbeit das *Einmaleins der Ämtergänge, der institutionellen Zuständigkeiten und des Antragswesens.* Hochnützlich ist auch die *Fähigkeit zu wirtschaften* und dies zu vermitteln. Weiterhin unverzichtbar sind u.a. Kontaktfreudigkeit, Konfliktfreudigkeit, Spontaneität, Flexibilität und Mobilität, Belastbarkeit und hohe Frustrationstoleranz, Fähigkeit zur Abgrenzung und Selbstreflexion.

Etwas „seitlich" von dem bisher Diskutierten liegt die unverzichtbare *interkulturelle Offenheit* von Streetworkern. In unseren Projekten hatte man es allenthalben immer auch mit Angehörigen unterschiedlicher ethnischer Minderheiten, mit ethnischen Vorurteilen, mit Rassismus und nicht selten auch mit Auseinandersetzungen von Jugendcliquen verschiedener Ethnien zu tun. Die Definitionsproblematik in diesem Bereich gleicht einem Gang auf schneebehangenem Gletschergrat, wo Untiefen und Abstürze drohen. Eine nützliche (und erfragbare) Mitgift von Straßensozialarbeitern dürfte die „Erfahrung von Fremde" sein.

„Fremde" definieren wir als „exotischen existentiellen Erfahrungsraum", also das Ungewohnte, dem man nicht entgehen konnte, mit dem fertigzuwerden man eine zeitlang gezwungen war. Eine solche Fremderfahrung kann eine ethnische sein, aber auch eine Slum-, Gefängnis- oder anderweitige Subkulturerfahrung.

Aus der Erfahrung einer solchen Fremde können resultieren:

- die Fähigkeit, nicht zu erschrecken angesichts von Auffälligkeit und Abweichung[112]
- einfühlsamer Umgang mit Fremde und Fremdem
- Verhaltensroutinen unter schwierigen Umständen
- ein Ruf von Souveränität und Glaubwürdigkeit auf schwierigem Terrain.

5.5 Schlußfolgerungen

Auch für Streetwork gilt die alte Wahrheit, daß die (sozial-) pädagogische Arbeit so gut ist wie die Personen, die sie erledigen. Die Rekrutierungsproblematik ist eine mannigfache.

Die politischen Entscheidungsträger und die Einsteller von Straßensozialarbeitern sind nicht unbedingt sehr „zielsicher". Die Wirklichkeiten von Einstellern und Zielgruppe mögen erheblich auseinanderklaffen. Einschlägig ausgebildete Sozialpädagogen stehen vorläufig kaum zur Verfügung. Für die Arbeit mit einer teils beschädigten und besonders schwierigen Klientel scheinen Leute mit bestimmten biografischen Voraussetzungen geeignet, die nicht ohne weiteres abfragbar, aber (wie die Praxis zeigte) doch erfahrbar sind. Es sind solche, die eine Lebensweltnähe von Streetworkern und ihren Klienten begründen. Wir fassen diese „seitlichen" Rekrutierungskriterien unter den Begriffen Verarbeitung von eigenen Traumata, Erfahrung von Fremde zusammen.

Wir vertreten die Auffassung, daß letztere für die Rekrutierung von Straßensozialarbeitern eine wesentliche Rolle spielen sollten.

---

[112] Die Aussage bezieht sich auf jeweils bestimmte Auffälligkeiten und Abweichungen, natürlich nicht „alle". Das hier angesprochene theoretische Konzept ist das der „Stigmatoleranz" und „Normendistanz". Vgl. WURR/TRABANDT 1993, S. 32 ff..

Dies darf allerdings wohl weder zur gänzlichen Aufgabe von formalen Qualifikationsansprüchen führen, noch enthebt es die Streetworker (und die Träger) von der dringenden Aufgabe der Fortbildung. Nach allem erachten wir die erklärte Bereitschaft bzw. Verpflichtung zur Fortbildung als ein eigenes wesentliches Qualifikationskriterium von Straßensozialarbeitern. Gleiches gilt auch für die Supervision.[113]

Aufgrund von Projekterfahrungen (nur drei von sechs Straßensozialarbeitern haben den Job über drei Jahre erledigen können bzw. haben den Anforderungen und Arbeitsbedingungen standgehalten, und wir wurden Zeuge von neun Einstellungen[114]) weisen wir die Träger der politischen Entscheidungen für oder gegen die Einrichtung von Straßensozialarbeit ausdrücklich darauf hin, daß der Rekrutierung größte Bedeutung beizumessen ist. Die abstrakte Entscheidung für ein Projekt ist zunächst einmal eine Manifestation des politischen Willens, wenn man will: der guten Absicht. Im weiteren kommt es aber auf die Leute an, die die Arbeit tun. Wir empfehlen,

- erstens sich die Rekrutierung nicht aus der Hand nehmen zu lassen bzw. gänzlich an Dritte (etwa Freie Träger) zu delegieren,
- zweitens möglichst viel Sachverstand hinzuzuziehen,
- drittens weniger dem Zeitdruck als der Überzeugung zu gehorchen, die richtigen Leute gewonnen zu haben,
- eine angemessene Bezahlung (BAT IV a) sicherzustellen und
- möglichst gemischtgeschlechtliche Teams einzustellen.

---

[113]Vgl. hierzu Kapitel 11. „Fortbildung" und 12. „Wissenschaftliche Begleitung und Supervision".

[114]Indirekt von zwölf, wegen der Verbindung zu anderen Projekten.

6. Konzeptionelle Grundlagen

In allen Projekten ging es qua Auftrag um die *Reduzierung von Jugendgewalt mit Mitteln der Straßensozialarbeit*. Bedingung und Aufgabe war überdies der *Dialog mit der Polizei*. Als weiterer Faktor fungierte die wissenschaftliche Begleitung, die bei der Personalauswahl und der Konzepterarbeitung mitwirken sowie im folgenden die inhaltliche und methodische Reflexion moderieren und die Arbeit in Berichten dokumentieren sollte.

Es bedurfte für die Gesamtkonzeption zudem einer Verständigung über grundsätzliche methodische sowie über projektspezifische Fragen.[115]

6.1 Akzeptierende Jugendarbeit

Die Konzeption orientierte sich u.a. an den *Grundsätzen der akzeptierenden Jugendarbeit*.[116] Dieser Ansatz erschöpft sich keineswegs in methodischen Prinzipien. Vielmehr stützt er sich auf ein Bild des Verhältnisses von Jugend, Politik und Gesellschaft.

---

[115] Die unterschiedlichen beruflichen Vorbildungen und Berufserfahrungen der Projektmitarbeiter waren hier zu berücksichtigen.

[116] Vgl. u.a. KRAFELD 1996, S. 13ff; KRAFELD 1993a, S. 310ff. Wir möchten an dieser Stelle nicht auf die pädagogische und politische Diskussion dieses Begriffes eingehen. Den Streit, ob und wie Jugendarbeit mit rechten Szenen und Cliquen stattfinden soll, halten wir für desolat. Die Position der Projektmitarbeiter wird schließlich durch die Übernahme der Grundsätze akzeptierender Jugendarbeit deutlich. Wir stimmen im großen und ganzen Voß (1995, S. 171 ff) zu, der betont, daß akzeptierende Jugendarbeit niemanden - *weder* Jugendliche *noch* die Gesellschaft - aus der Verantwortung entläßt. Sie stellt durchaus Anforderungen an Pädagogik *und* Politik. Sie hegt nicht die Illusion, alles „in den Griff zu bekommen". Im Vordergrund steht allemal „*die ganzheitliche Sicht von Problemen; die Fähigkeit zur Empathie; die Fähigkeit des Zuhörens; die Fähigkeit, offene Prozesse zuzulassen, die eigene Betroffenheit empfinden zu können, die eigene Verwicklung in die Probleme zu sehen und entsprechend zu würdigen*" (S.180).

Demgemäß sind *Rechtsextremismus und Gewalt* keine speziellen Jugend- oder Randgruppenprobleme, sondern *Probleme „aus der Mitte der Gesellschaft"* oder anders gesagt: sie sind in allen gesellschaftlichen Schichten wiederzufinden. *„Pädagogische Arbeit kann und darf nicht zulassen, daß die gesellschaftlichen Probleme immer wieder zu Jugendproblemen und dann politische Aufgaben zu pädagogischen Aufgaben umdefiniert werden."*[117]

Aufklärung, Belehrung und Bekämpfung bewirken nichts (was im Bereich der Jugendarbeit ein eher „hilfloser Antifaschismus" zeigt). Eine Ausgrenzung von Funktionären und Führern rechtsextremer Organisationen und Bewegungen mag sinnvoll sein, die Ausgrenzung orientierungsuchender Jugendlicher zeitigt kontraproduktive Wirkungen und läuft darauf hinaus, die Jugendlichen kampflos den rechten Wortführern und Aktionisten zu überlassen.

Ansatzpunkt der Arbeit sind auch und gerade die jeweiligen *Probleme der Jugendlichen.*[118]

„Randale" und Gewalt von Jugendlichen lassen sich als *Mittel* deuten, *um von der Gesellschaft wahrgenommen zu werden* angesichts einer versachlichten, rationalen Erwachsenengesellschaft, in der für die Bedürfnisse und Nöte von Kindern und Jugendlichen oft kein Raum zu bleiben scheint.[119]

---

[117] Krafeld 1996, S.15.

[118] Gref (1994, S. 295) sieht auch: *„Ziel in der Arbeit mit rechtsorientierten und gewaltbereiten Jugendlichen muß es sein, Unterstützung bei der konkreten Lebensbewältigung zu bieten, destruktive Energien in konstruktivere, sozialverträglichere Bahnen zu lenken, Toleranz zu fördern und dort, wo Pädagogik Regeln setzt (z.B. im Jugendtreff), zu fordern, und in manchen Fällen auch nur das Pendel einigermaßen im Gleichgewicht zu halten, um einen (weiteren) Absturz zu verhindern. Dies ist in unserem Verständnis 'politische Bildung', die originäre Aufgabe von Jugendarbeit."*

[119] Dem ließe sich hinzufügen, daß die Defizitempfindung nicht etwa alle gleicher-

In der akzeptierenden Jugendarbeit vielleicht noch mehr als gewöhnlich in der Sozialpädagogik treffen unterschiedliche und teils entgegengesetzte Wertvorstellungen, Verhaltensregeln, Handlungs- und Konfliktlösungsmuster aufeinander. Die Sonderheit des Ansatzes besteht im Annehmen des anderen, im Versuch des Verstehens und jedenfalls im Ernstnehmen der Jugendlichen. Hierin liegt der pädagogische Angelpunkt möglicher Verhaltensänderungen.

Zentrale Handlungsebenen sind das *Angebot sozialer Räume, die Beziehungsarbeit, die Akzeptanz bestehender Cliquen, die Entwicklung einer lebensweltorientierten infrastrukturellen Arbeit.*[120]

6.1.1 Akzeptanz

Anknüpfungspunkt sind nicht die Probleme, die Jugendliche *machen*, sondern die Probleme, die sie *haben*. Die Arbeit ist darauf ausgerichtet, Kinder und Jugendliche bei der *Lösung ihrer alltäglichen Probleme zu unterstützen*. *Akzeptanz* bedeutet in diesem Zusammenhang nicht, sich mit Meinungen, Verhaltensmustern und Einstellungen von Jugendlichen abzufinden, sondern *sie als Personen in ihrem Anderssein anzunehmen, für sie da zu sein, ihnen zu-*

---

maßen heimsucht, sondern besonders diejenigen, die unter der Kluft zwischen den öffentlich vorgeführten Glücksverheißungen und der eigenen eher miserablen Lage und Mitgift leiden. Und das haben nun die Klienten von Streetwork mit den meisten Klienten der sozialen Arbeit gemein. (Wurr/Trabandt 1993, S. 7 ff; Brumlik 1993, S. 55 ff verwendet den Begriff der „anomischen Jugend".)

[120] Krafeld (1996, S. 20ff) meint damit u.a. Einzelfallhilfe, Einmischung und Einwirken in Strukturen und Lebensverhältnisse, in denen die Jugendlichen aufwachsen, Erarbeitung von Möglichkeiten zur aktiven Beteiligung von Kindern und Jugendlichen an der Gestaltung ihrer Lebenswelt, Aufbau und Nutzung eines breiten Spektrums von formellen und informellen Beteiligungsformen sowie schließlich Konflikbegleitung.

zuhören und sie ernst zu nehmen, ihnen gleichzeitig mit eigenen anderen Werten, Umgehensweisen und Konfliktregelungsmodellen gegenüberzutreten.

Da Cliquen gleichaltriger Jugendlicher angesichts zunehmender familialer Probleme bzw. überforderter Eltern heute häufiger zentrale Sozialisationsinstanzen sind, ist der Begriff der *Toleranz* und *Akzeptanz* gegenüber der Einzelperson *auch auf die bestehende Clique bzw. Jugendszene zu erweitern.* Andernfalls würde man Jugendliche ihrer eigenen sozialen Bezugssysteme berauben.

Akzeptanz und Toleranz gegenüber der Zielgruppe sollte auch von der Institution getragen werden, die die Streetworker vertreten. Stigmatisierungen und Ausgrenzungen sollten beide gleichermaßen entgegentreten.

Der Ansatz stellt die *Beziehungsarbeit,* die auf Akzeptanz und gegenseitigem Vertrauen basiert, in den Vordergrund. In der Praxis findet diese Arbeit vor allem in Einzelgesprächen und gemeinsamen Aktivitäten zwischen Streetworkern und Jugendlichen statt. Der personenbezogene Austausch erfordert von den Streetworkern, daß sie sich „als Menschen einbringen" und als Personen glaubwürdig sind.

6.1.2 Freiwilligkeit und Anonymität

Damit eine echte Vertrauensbasis zwischen Jugendlichen und Streetworkern aufgebaut werden kann, sind die Prinzipien der Freiwilligkeit und der Anonymität (gegenüber dem Träger wie auch anderen „vernetzten" Institutionen) zu gewährleisten.

Freiwilligkeit in diesem Zusammenhang bedeutet, daß *die Jugendlichen selbst mit über Häufigkeit, Inhalt, Dauer und Intensität des Kontaktes mit den Streetworkern entscheiden. Anonymität* bedeu-

tet, Gesprächsinhalte vertraulich zu behandeln und, soweit erforderlich, *Berichte über Personen und Ereignisse nur in anonymisierter
Form* abzugeben. Dies schließt Kontrollfunktionen der Streetworker
bzw. die Einbindung von Streetworkern in Zwangsmaßnahmen gegen ihre Zielgruppe aus.

6.1.3 Parteilichkeit

Streetworker verstehen sich als „Anwalt" der Jugendlichen, insbesondere im Sinne einer Lobby für (auch materielle, räumlich
und zeitlich konkrete) Jugendbedürfnisse und im Sinne der *Einmischung in das Gemeinwesen* zugunsten der Jugendlichen. Da
nicht etwa nur die Folgen von Gewalt, Sucht, Kriminalisierung und
Elend bekämpft werden, sondern auch deren Ursachen im Visier
sind, geht es durchaus auch um die Veränderung der infrastrukturellen Lebensbedingungen. Es geht m.a.W. um Personal, Räume,
Zeiten, Aktivitäten und Angebote, namentlich also auch um Fragen der Finanzierung von Jugendarbeit.

Die Parteinahme beinhaltet die *Schaffung bzw. Bereitstellung von
sozialen Räumen*, aber auch die Begleitung und Einleitung von
Prozessen und damit zusammenhängenden Konflikten. Alle Theoretiker und Praktiker sind sich in der Idee einig, daß die aus dem
Rahmen der (Mehrheits-) Normalität fallenden und in der Regel
benachteiligten wie auch (für die anderen) „schwiergen" Jugendlichen zu selbständigem Handeln und zur Bewältigung ihrer Lebens-
situation befähigt werden sollen. Gern wird die Kategorie der
„sozialverträglichen" Wege zur Lösung von Konflikten verwendet,
die Streetworker ihren Klienten nahebringen mögen. Stets auch
wird in diesem Rahmen gefordert, über neue Beteiligungs-
konzepte für Jugendliche nachzudenken und sie im lokalen Rahmen zu initiieren.

6.1.4 Deeskalation

Gewalt ist nicht nur ein Bestandteil dieser Gesellschaft und kein ausschließlich jugendspezifisches Problem, sondern es werden Kinder und Jugendliche sogar weitaus häufiger Opfer von Gewalt, als daß sie Täter sind. Aus Opfern aber können Täter werden. So ist immer wieder festzustellen, daß manche Jugendlichen keine anderen Konfliktlösungsstrategien als gewalttätige kennengelernt haben. Streetwork hat u.a. zum Ziel, *gewalttätiges Handeln und Gewaltbereitschaft einzudämmen, Brücken zwischen der Gesellschaft und den Jugend(sub)kulturen zu bauen,* der Umwelt die Lebensumstände jener Jugendlichen vor Augen zu führen und damit auch Angst zu nehmen.

Deeskalierende Aufgaben nehmen Streetworker in der Praxis in mehrfacher Form wahr: einerseits greifen sie ein, „wenn's brennt", andererseits versuchen sie auf verschiedene Art und Weise (etwa durch Freizeitaktivitäten, Einzelhilfe und Gruppenarbeit), andere, und zwar friedliche, Umgehensweisen und Konfliktregelungsmuster mit „ihren" Klienten zu erproben und zu üben. Das setzt voraus, daß sich Streetworker als Personen einbringen. Alles hängt von der Glaubwürdigkeit ab, vom Eindruck der Authentizität bei den Jugendlichen. Und nicht selten bildet bereits die Kontaktaufnahme von Jugendlichen zu Streetworkern einen ersten Schritt zur Deeskalation und Prävention.

Gewaltpräventive Maßnahmen richten sich im übrigen auch auf die Zusammenarbeit mit anderen Institutionen, wie z.B. Schulen und Sportvereinen, ASD, Familienhilfe usw., also auf ein breiteres Netz sozialer und kultureller Einrichtungen.

6.1.5 „Aufsuchen"

Insbesondere um Kontakte zu Zielgruppen bzw. Einzelpersonen zu knüpfen, begeben sich die *Streetworker in das Terrain der Jugendlichen*, zu den Treffpunkten, in Wohnungen, Discos usw.

6.1.6 Vernetzung[121]

Streetwork taugt nicht allein zur Lösung von Jugendproblemen. Vielmehr bedarf es einer Vielzahl von Maßnahmen und Aktivitäten in verschiedenen Handlungsbereichen. Straßensozialarbeit muß mit anderen Arbeitsbereichen des Trägers sowie Institutionen, Organisationen, Arbeitskreisen und Initativen vernetzt werden. *Ausgangspunkt* für die Kontaktaufnahme zu anderen Einrichtungen ist dabei die *jeweilige Bedürfnislage der Zielgruppe.* Der Aufbau von *Netzwerken soll der Hilfeleistung in konkreten Lebens- und Notsituationen und der Durchsetzung jugendspezifischer Interessen und Bedürfnisse dienen.* Überdies erfüllt die Einführung der Jugendlichen in alternative Lebenswelten und Aktivitäten auch die Funktion, sie an neue und fremde Situationen zu gewöhnen. Netzwerke können gleichzeitig zur Lobbybildung genutzt werden und dem „Einzelkämpfertum" von Streetworkern bzw. ihrer Überforderung entgegenwirken. Manche Vorhaben sind schon aus technischen oder rechtlichen oder politischen Gründen nur unter Rückgriff auf personale und institutionelle Beziehungen zu verwirklichen.

6.1.7 Flexibilität und Mobilität

Streetwork bietet den Vorteil, daß die in diesem Bereich Tätigen sich schnell und flexibel auf Gegebenheiten und Bedürfnisse ihrer Klienten einstellen und reagieren können. Daher müssen *Streetworker*

---

[121] Zur Realisierung vgl. Kapitel 8.

räumlich, zeitlich und methodisch flexibel und mobil sein. Außerdem müssen sie imstande sein, auch spontan (in einem definierten Rahmen) *eigenverantwortliche Entscheidungen* zu treffen.

Das Maß der Mobilität hängt eng mit den örtlichen Gegebenheiten und dem Aktionsradius der jeweiligen Jugendszene zusammen: Im wesentlichen umfaßte es in Lübeck einen Stadtteil, in Rendsburg den Innenstadtbereich mit den angrenzenden Gemeinden Westerrönfeld und Büdelsdorf und im Herzogtum Lauenburg außer Mölln und Geesthacht weitere Orte im Kreisgebiet, wie z.b. Schwarzenbek, Hamburg und Orte in Mecklenburg-Vorpommern.

6.2 Ergänzungen

Der pädagogische Alltag von Streetwork bewegt sich *methodisch* zwischen *Einzelhilfe, Gruppenaktivitäten (einschließlich erlebnispädagogischen Angeboten) und Gemeinwesenarbeit.* Lebenspraktische Einzelhilfe dient der Persönlichkeitsentwicklung und Stärkung der individuellen Handlungskompetenz. Lösungen für persönliche Probleme sollen immer gemeinsam mit dem Betroffenen gefunden werden. Bei Gruppenkontakten und -aktivitäten können das Sozialverhalten gefördert und neue Umgangsweisen geübt werden, insbesondere ein ungefährlicher Umgang mit Frustrationen. Die Gemeinwesenarbeit richtet sich auf die Nutzung von Ressourcen für den Einzelnen oder eine Gruppe.

Der *Dialog mit der Polizei* fand besondere Berücksichtigung. Ungeachtet bereits bestehender Kontakte, dem beiderseitigen Willen zur Zusammenarbeit und der bereits erzielten allgemeinen Übereinkünfte hinsichtlich sozialarbeiterischer Schweigepflicht und polizeilicher Informationsbereitschaft *bedarf* die *Kooperation* zwischen den polizeilichen Sonderdiensten (bzw. den einschlägigen polizeilichen Ansprechpartnern) und Streetworkern *der weiteren Reflexi-*

on, Klärung, Routinisierung und im Einzelfall der institutionellen Stabilisierung. Auffassungsdifferenzen in der praktischen Handhabung des Zusammenwirkens zwischen den Berufsgruppen und innerhalb der Berufsgruppen sollen expliziert werden. Zudem gilt das *Prinzip der Vorsicht in Bezug auf die Außenwirkung in der Jugendszene.*

Erklärtes Ziel unserer Projekte war neben der Verbesserung der Arbeitsbedingungen der Streetworker im Sinne der Vernetzung und präventiven Tätigkeit im Bereich latenter und manifester Jugendgewalt die wachsende beiderseitige Einsicht in das jeweils andere Berufsfeld sowie ggf. die Korrektur eines („stereotypen") Berufsbildes.[122]

Da es für die spezifischen Probleme von Streetwork bisher noch keine umfassende Ausbildung und Vorbereitung gab/ gibt, wurde bei Treffen, auch mit anderen Vertretern von Streetworkprojekten, der *Bedarf an* eigenen *Fortbildungsmaßnahmen* festgestellt. Im Projektverlauf sollten daher *je nach Bedarf interne* und externe *Fortbildungen zu speziellen Themen* entwickelt und wahrgenommen werden. Derartige Veranstaltungen sollten sowohl der methodischen Kompetenzerweiterung als auch der professionellen Selbstverständnisentwicklung dienen.

Wegen der teils außergewöhnlichen physischen und mentalen Belastungen von Streetworkern wurde deren professionelle Bearbeitung im Rahmen von *Einzel- oder Gruppensupervision* erwogen.[123]

---

[122] Näheres im Kapitel 9. „Dialog mit der Polizei".

[123] Die Idee von Supervision als Notwendigkeit in der Straßensozialarbeit existierte von Beginn der Projekte an, ihre Realisierung geschah aber erst nach einer längeren Anlaufphase, in der der wiss. Begleitung neben der Aufgabe der fachlichen Beratung und der Praxisreflexion vielleicht auch manche Aufgabe zufiel, die später an die Supervision abgegeben werden konnte. Näheres im Abschnitt 12. „Wissenschaftliche Begleitung und Supervision".

7. Modellvarianten

Jenseits der gemeinsamen konzeptionellen Grundlagen gab es unterschiedliche Bedingungen und örtliche Strukturen, denen die einzelnen Projekte Rechnung zu tragen hatten. Dies schlug sich in unterschiedlichen Praxisvarianten mit je besonderen Gewichtungen der Ziele, Adressaten und Methoden nieder. Wenn wir diese im folgenden mit Titeln belegen, so mit der Maßgabe, daß damit jeweils eine Projektsonderheit benannt wird, die einen wesentlichen Teilaspekt der Arbeit repräsentiert. Die Titel werden also der Komplexität des jeweiligen Ansatzes und Projektgeschehens nicht gerecht. Das nehmen wir in Kauf.[124]

7.1 „Strukturelle Prävention"

Das Lübecker Projekt wurde im Stadtteil St. Lorenz-Nord angesiedelt, einem Territorium mit sehr heterogener Bebauung und Siedlungsstruktur (ländlich bis „Betonburg") mit rund 40.000 Einwohnern, von denen 5.000-6.000 Jugendliche sind.[125] Jugendarbeit findet vor allem in Sportvereinen und Kirchengemeinden statt. Es gibt nur einen einzigen nicht-kommerziellen Jugendtreff. Mit dieser *eklatanten Unterversorgung* wurde die Ansiedlung des Projektes in diesem Stadtteil (durch das Jugendamt) begründet. Zwar war hier (anders als etwa in Kücknitz[126] und Moisling) keine übermäßig

---

[124] Und übrigens verlieren sich mit wachsender Differenzierung die Differenzen.

[125] „Jugendliche" bezeichnen hier Mädchen und Jungen, Heranwachsende und „Jungerwachsene" im Alter von etwa 11 bis 21 Jahren. Die demografische Beschreibung greift nicht auf den Jugendbegriff der Jugendsoziologie zurück, der mit dem Alter großzügiger ist (im Einzelfall bezieht man dort noch ältere Personen ein). Siehe oben.

[126] Hier kam es dann 1996 zur Einrichtung eines weiteren Streetworkprojektes, wobei das Ziel des Abbaus von Jugendgewalt viel klarer benannt wurde. Man entsprach damit politischen Forderungen in der Folge einschlägiger Gewaltaktionen.

auffällige Jugendgewalt bekannt, gleichwohl gäbe es Gewalt-*gefährdung*, lautete die Erklärung. Die *gewaltpräventive Arbeit* sollte demgemäß die Entstehung eines größeren Gewaltpotentials verhindern. Nachdem zentrale Räumlichkeiten bezogen worden waren, arbeiteten die Streetworker konzeptgemäß mit verschiedenen Gruppen an verschiedenen Orten, widmeten sich der Eröffnung diverser „Aneignungsräume", dem Dialog sowohl mit der Polizei als auch mit Ämtern und Schulen.[127]

Gewalt*prävention* wurde und wird also in diesem Projekt betont. Die Präsenz bei Großveranstaltungen ebenso wie Aktivitäten in der Gruppe (in der Einrichtung wie außerhalb) und Einzelhilfen lassen sich u.a. unter diesem Aspekt subsumieren.[128]

7.2 „Streetwork als Einzelkämpfertum"

Beim Kreis Hzgt. Lauenburg handelt es sich um ein teils kleinstädtisches, teils ländliches Territorium. Die beiden Streetworker des Projektes waren (und sind) den Standorten Mölln und Geesthacht zugeordnet, wo sie - nach oftmaligem Adressenwechsel - jeweils auch Anlaufstellen vorhalten konnten. Im Falle Mölln war das Projekt u.a. Ausfluß des Brandanschlages im Jahre 1992. Rund 18.000 Menschen wohnen in der „Touristenhochburg", die älteren Bürger stellen mit 27% einen relativ hohen Anteil an der Gesamt-

---

[127] Zu den Angeboten und Vernetzungsaktivitäten siehe Kapitel 8.

[128] Erwähnenswert scheint, daß es zwischen den beiden Projektmitarbeitern eine gewisse - den Neigungen und Talenten gemäße - Arbeitsteilung gegeben hat. Einer der Streetworker hat sich mehr und zuallererst um die Arbeit mit den Jugendlichen gekümmert, der andere war mehr für die „Außendialoge" zuständig. Da es in Lübeck zunächst kein gemischtgeschlechtliches Team gab, gab es auch keine geschlechtsspezifischen Angebote. Ob dies nach Einstellung einer neuen Mitarbeiterin anders werden wird, bleibt abzuwarten. Die Mitarbeiterin wurde erst soeben eingestellt.

bevölkerung. Für die etwa 3.000 Kinder und Jugendlichen stehen neben kommerziellen (Spielhallen, Kneipen, Disco etc.) und Vereinsangeboten Sportplätze und ein Jugendzentrum zur Verfügung. Seen und ein Motorcrossgelände in der näheren Umgebung können für vielfältige Freizeitangebote genutzt werden. In Geesthacht, das u.a. aufgrund seiner hohen Kriminalitätsrate ausgewählt wurde, spielen vor allem auch Einflüsse der nahen Metropole Hamburg eine Rolle. Etwa 6.500 Kinder und Jugendliche leben in der Stadt (28.000 Einwohner). Für sie gibt es neben kommerziellen Angeboten (z.B. Schwimmbad, Skateboard-Bahn, Kino) das Jugendzentrum „Alter Bahnhof", das selbstverwaltete Jugendzentrum „Düne" und den kirchlichen Jugendtreff „Date", der einmal wöchentlich geöffnet ist.

Aus den Streetworkern wurden schnell *Einzelkämpfer*[129], die überdies zwischenzeitlich, (behördlichen) Notrufen gehorchend, in anderen Orten tätig wurden, wie etwa Ratzeburg und Schwarzen-bek. In Mölln wurde und wird überdies das örtliche Jugendzentrum für die Arbeit mit bestimmten Gruppen mitgenutzt. Unter den Klienten befinden sich in der Regel nicht nur deutsche, sondern auch ausländische Jugendliche, z.B. Migranten. Interessant dürfte sein, daß sich die beiden Streetworker bei ähnlicher Klientel und gleichen Zielsetzungen (Gewaltprävention wie Gewaltintervention) in ihrer Arbeitsweise unterscheiden: Die Arbeit des Möllner Streetworkers ist stärker auf Gruppen ausgerichtet. Er versucht in diesem Rahmen u.a. deutsche und ausländische Jugendcliquen bei einzelnen Aktivitäten zusammenzuführen.[130] Sein Geesthachter Kollege,

---

[129] Gleichwohl waren diese beiden Streetworker fachlich in einem stetigen Austausch, hatten die selbe Supervision und profitierten unserer Einschätzung nach erheblich voneinander. So gesehen bilden sie trotz räumlicher Trennung ein Team.

[130] Dies bedeutet aber nicht, daß er etwa nicht Einzelhilfe versähe.

dessen Arbeit von allen am Projekt beschäftigten Streetworkern am stärksten erlebnispädagogisch ausgerichtet ist, widmet sich darüber hinaus besonders den „schweren Fällen".[131] Seine Angebote richten sich auch an Kleingruppen.

7.3 „Streetworker als parteiliche Moderatoren von Jugendinteressen"

Im Wirtschaftsraum Rendsburg leben rund 60.000 Menschen, davon etwa 8.000 Jugendliche. Im Projekt Rendsburg-Büdelsdorf-Westerrönfeld[132] - in den Kommunen Rendsburg und Büdelsdorf stehen den Jugendlichen neben den üblichen kommerziellen Angeboten vier Jugendtreffs zur Verfügung - arbeitete ein Team (lange Zeit das einzige gemischtgeschlechtliche) von einer zentralen Anlaufstelle im Stadtzentrum aus, welche etwa 8 Monate nach Projektbeginn nutzbar war. Die ursprüngliche Zuständigkeit für das Stadtgebiet sowie die genannten Gemeinden wurde, den Wanderbewegungen von Jugendlichen im ländlichen Raum folgend, mehrfach verändert. Der Landkreis galt lange Zeit als Sammelplatz von rechten Jugendlichen. U.a. waren hier namentlich bekannte Anführer der rechten Jugendszene anzutreffen.

Im Projektverlauf haben sich aufgrund erheblicher Wirrungen und einer personalen Erneuerung nach anderthalb Jahren Änderungen der Arbeitsweisen ergeben. Die zentrale Anlaufstelle in der Innenstadt steht „den" Jugendlichen offen (tendenziell allen, die kommen). Die Streetworker fungieren als Ansprechpartner bei Bedarf.

---

[131] Vielleicht ist es nicht übertrieben zu sagen, daß er diese anzieht. Sicher hat dies mit seinem „Ruf" zu tun. (Den hat er übrigens nicht nur bei potentiellen Klienten.)

[132] Aufgrund der personalen Zäsur etwa zur Hälfte der Projektlaufzeit können wir uns nur beim zweiten Team auf ein konzeptionelles Selbstverständnis stützen.

Aufsuchende oder mobile Anteile der Arbeit betrafen oder betreffen Jugendtreffs und -discos in Umlandgemeinden, wo es zu (tätlichen) Auseinandersetzungen mit Mitgliedern der rechten Szene kam, und Projekte mit Gruppen von Schülern und Mädchen. Gelegentlich gibt es „fremdinitiierte" Arbeitseinsätze (bei Hinweisen der Polizei oder des Jugendamtes etwa). Sowohl das „Jugendcafé" (in der Anlaufstelle) als auch die gewaltpräventive Arbeit in zwei Schulklassen (zweier Schulen) soll dazu dienen, daß Jugendliche ihre Interessen autonom und schadlos für sich selbst und andere vertreten können.

Weitere Bemühungen des Streetworkteams, das die „parteiliche Moderation von Jugendinteressen" als ein Hauptziel seiner Arbeit sieht, richten sich auf die Beteiligung von Jugendlichen an kommunalen Vorhaben und Planungen. Man war mitbeteiligt an der Gründung einer Arbeitsgruppe zu diesem Thema.

8. Klienten, Angebote, Vernetzung[133]

8.1 Gemeinsamkeiten: Klienten, Angebote

Als die Straßensozialarbeiter im Jahr 1994 ihre Tätigkeit aufnahmen, galt es als ausgemacht, daß sie schwerpunktmäßig mit gewaltbereiten rechtsorientierten Jugendlichen arbeiten würden. Bis auf den Projektort Lübeck, wo diese Maßgabe von vornherein modifiziert worden war, begannen die Streetworker auch, Kontakte primär zu dieser Klientel aufzubauen.

Allerdings stellten sie alsbald fest, daß

- es allenthalben an (nicht-kommerziellen) Freizeitangeboten für deutsche wie ausländische Jugendliche mangelte;
- sich die Gruppenstrukturen rechtsorientierter / -extremistischer Jugendlicher nach den Anschlägen von Mölln und Solingen auflösten[134];
- sich bei diesen wie auch bei einer Reihe anderer älterer Jugendlicher die persönliche Situation - teils mit Unterstützung der Straßensozialarbeiter - durch Arbeits- oder Ausbildungsaufnahme, Bundeswehr, Eingehen einer festen Beziehung und dergl. stabilisiert hatte und die Jugendlichen „ruhiger" und weniger auffällig waren;
- rechtsextremes Gedankengut bei den meisten Jugendlichen nicht manifeste Grundhaltung war;
- (gewalttätige) Auseinandersetzungen zwischen deutschen und ausländischen Jugendlichen nicht immer fremdenfeindlich motiviert waren, ihre Ursache etwa in jugendtypischen Rivalitäten und Machtkämpfen vor dem

---

[133] Informationen zu diesem Thema finden sich auch in Kapitel 7 und 10.

[134] Vgl. hierzu Kapitel 3.

Hintergrund sozialer Benachteiligung hatten;
* diskriminierendes Verhalten gegenüber Randgruppen (im Sprachgebrauch der Jugendlichen z.B. „Asozialen", „Junkies", „Asylanten") verbreitet war;
* nationalistische, rechtsextreme Tendenzen und Kurdenfeindlichkeit bei älteren türkischen Jugendlichen zunahmen;
* die Klientel immer jünger wurde (sie umfaßte auch Kinder ab 10 Jahren, im Einzelfall noch jüngere);
* der Alkohol- und/oder Drogenkonsum unter Jugendlichen teils explosiv zunahm, wobei viele nahmen, „was sie kriegten", darunter auch Jugendliche, die früher den Genuß von illegalen Drogen abgelehnt hatten;
* eine Reihe von Jugendlichen extreme Gewalterfahrungen hatten (brutale Züchtigungen durch Eltern und Verwandte, sexueller Mißbrauch etwa).

Viele dieser Jugendlichen, die als gewaltbereit bzw. gewaltgefährdet angesehen werden mußten, waren fraglos der Hilfe, Beratung, Führung bedürftig. Ihre Probleme erwiesen sich als kumulativ und komplex.

Diese Erfahrungen, die auch in anderen Projekten gemacht wurden[135], haben dazu beigetragen, daß alle Projekte zusammen mit der wiss. Begleitung über kurz oder lang zu einer *Neudefinition ihrer Klienten* gelangten. Faktisch erstreckte sich die Arbeit im Projektzeitraum auf *einzelne auf Hilfe oder Rat angewiesene bzw. gefährdete Jugendliche einerseits und auf Gruppen andererseits, darunter solche von mehr oder minder rechtsradikal gefährdeten Jugendli-*

---

[135] Es gab Treffen mit allen Straßensozialarbeitern im Bundesland Schleswig-Holstein und auch „auswärtigen".

chen, mehr oder minder gewaltbereiten, eher „unpolitischen“[136]
deutschen Jugendlichen, von Jugendlichen verschiedener Nationa-
lität, deren Probleme sich u.a. aus einem Flüchtlings- oder
Migrantenstatus ergeben, und Gruppen türkischer Jugendlicher[137].
Die jeweiligen Gruppenstrukturen waren/sind - wie es in jugendlichen Subkulturen typisch ist - nicht starr, sondern wandelbar.

In der Regel sind mehr als Dreiviertel der Klientel Jungen bzw.
junge Männer. Die Mädchen in den Projekten entstammen dem
Umfeld rechtsorientierter[138] und anderer Gruppen oder sind aufgrund spezieller Problemlagen (etwa aufgrund einer Zuweisung über
die Jugendgerichtshilfe) zu den Streetworkern gestoßen. Sie gehö-

---

[136] Die Formulierung berücksichtigt verschiedene Ebenen des Politischen. Historische und politische Ahnungslosigkeit erlaubt ja durchaus rassistische und sozialdarwinistische Haltungen. Gemeint ist hier eher eine unpolitische Bedürfnislage und das Vorwiegen nicht vordergründig politischer Problemlagen.

[137] Den „Versuch" des ersten Rendsburger Teams, mit der autonomen Antifa zu arbeiten, lassen wir hier außer Betracht. Er ist im wesentlichen nicht über die bloße Absichtserklärung hinaus gediehen. Prinzipiell sind wir der Meinung, daß Straßensozialarbeiter, die mit „Rechten" arbeiten, nicht gleichzeitig mit der autonomen Antifa arbeiten können und sollten. Im übrigen ist anzumerken, daß unseren Schleswig-Holsteiner Projekten bestimmte Heimsuchungen erspart blieben. So ist es jedenfalls nirgends zu einem politischen Mißbrauch von rechts gekommen wie anderwärts (vgl. Bremen 1995, S. 475ff.). Manche Sitzung zu Beginn der Projekte galt u.a. der Grenzziehung von akzeptierender Jugendarbeit und politischer Toleranz. Das Thema wurde auch bei Fortbildungsveranstaltungen diskutiert, erwies sich aber in der Praxis insoweit nicht als brisant, als im Projektzeitraum (1994 bis 1997) harte rechte Gruppen sich an den Projektorten entweder nicht einfanden oder verflüchtigten oder nicht „klientifizieren" ließen.

[138] Der Anteil von weiblichen Tätern unter rechtsextremistisch motivierten Gewalttaten beträgt unter 5%, dies scheint dem Anteil von Mädchen in rechten Jugendgruppen zu entsprechen. Der Anteil von Frauen unter den Wählern rechtsradikaler Parteien wird auf ein Drittel geschätzt. Vgl. Meyer 1993, S.211f. Die männliche Dominanz in den Jugendcliquen wird allenthalben beobachtet (s. auch Krafeld 1996, S. 96).

ren in der Regel zu den Jüngeren innerhalb der jeweiligen Gruppen. Die meisten Jugendlichen haben nicht mehr als einen Hauptschulabschluß oder aber auch keinen, wenige haben einen Realschulabschluß; viele sind erwerbslos, ohne Ausbildungsplatz oder von Arbeitslosigkeit bedroht. *Angehörige der unteren Sozialschichten und kultureller Minoritäten* waren/sind unter den Klienten unserer Projekte *stark überrepräsentiert.* Der einschlägige Bedarf war/ ist offenkundig.

Die oben erwähnten Hilfen und Interventionen von Streetworkern bei akuten individuellen Problem- und Notsituationen betrafen Probleme von Jugendlichen mit Polizei, Gerichten, Eltern, Schule, reichten über Arbeitsplatz-, Ausbildungsplatz- und Wohnungssuche[139] bis zu Hilfen bei (Folgen von) Drogen- und Alkoholmißbrauch (Therapien, Entzug, Beschaffungskriminalität etc.).

Für alle Projekte gilt, wenn auch mit unterschiedlicher Gewichtung, daß die Streetworker Kontakte zu den Jugendlichen an deren (informellen) Treffpunkten gesucht haben. Und obschon alle Projekte heute Räumlichkeiten vorhalten, haben sie am *Prinzip des Aufsuchens vor Ort* im Bedarfsfall festgehalten. Die aufsuchende Arbeit ist nach wie vor *unumgänglich,* um *neue Kontakte zu knüpfen,* (zumal viele Jugendliche, die es angehen könnte, oft nichts von den für sie geeigneten oder bestimmten Angeboten der Jugendarbeit wissen[140]). Die aufsuchende Arbeit ist desgleichen unumgäng-

---

[139] An dieser Stelle möchten wir darauf hinweisen, daß in fast allen Projektorten Jugendliche kurzfristig obdachlos waren. Sie waren entweder zu Hause „rausgeflogen" oder „abgehauen" bzw. trauten sich nicht mehr nach Hause. Da häufig kurzfristig keine Notunterkünfte gefunden werden konnten, fanden sie gelegentlich vorübergehend in Räumlichkeiten eines Streetworkprojekts Unterschlupf.

[140] Dies hat sich kürzlich wieder bei einer empirischen Untersuchung für die Stadt Eckernförde gezeigt (Sutter 1995).

lich im Falle dringender *„Deeskalationsarbeit"*. Überdies verhalten sich manche Jugendlichen in dem ihnen *vertrauten Umfeld* den Streetworkern gegenüber offener. Es bedarf grundsätzlich einer gewissen Zeit, ehe sich Jugendliche in den angebotenen Räumlichkeiten „zu Hause" fühlen (sofern es überhaupt dazu kommt).

Der folgende Abschnitt ist den einzelnen Projekten gewidmet, wobei die besondere Klientel und die Angebote im Vordergrund stehen.[141]

8.2 Projektbesonderheiten: Klienten, Angebote

Die *Lübeck*er Straßensozialarbeiter arbeiteten überwiegend mit zwei Gruppen: Die erste Gruppe - zum „harten Kern" zählten ca. 15 Jugendliche, zum weiteren Umfeld noch einmal etwa 25 - traf sich in erster Linie auf einem Bolzplatz im nördlichen Bezirk Falkenfeld-Vorwerk. Sie setzte sich aus deutschen, deutsch-polnischen, italienischen, exjugoslawischen und marokkanischen Jugendlichen im Alter von 14 bis 26 Jahren zusammen. Im Laufe der Zeit änderte sich die Gruppenstruktur allerdings: Türkische Jugendliche kamen hinzu, einige Ältere schieden aus, jüngere schlossen sich an, so daß das Alter in der Gruppe insgesamt auf 14 bis 18 Jahre zurückging. In der zweiten Gruppe waren ca. 30 deutsche und türkische Jugendliche im Alter von 14 bis 18 Jahren, die sich regelmäßig im Umfeld einer Schule trafen, die ein großer Teil von ihnen besuchte. In beiden Gruppen befanden sich 20 bis 30 % Mädchen bzw. junge Frauen, aber keine Türkinnen.

Der ersten Gruppe konnten die Streetworker in den Projekträumen einen Gruppenraum zur Verfügung stellen, den die Jugend-

---

[141] Hier gibt es notwendig Überschneidungen mit dem vorangehenden Abschnitt der „Modellvarianten". Und keinesfalls können wir Anspruch auf Vollständigkeit erheben.

lichen selbst gestalteten und (bis heute) in den frühen Abendstunden für regelmäßige Treffen nutzen konnten. Räumlichkeiten für die zweite Gruppe zu beschaffen, gestaltete sich dagegen schwierig. Als die Straßensozialarbeiter feststellten, daß in einer Schule, die fast alle Jugendlichen dieser Gruppe besuchten, eine ehemalige Hausmeisterwohnung leer stand, bemühten sie sich um eine Nutzungsmöglichkeit in Kooperation mit der Schule. Ein (mittlerweile mehrjähriger) Kampf mit Ämtern, Lehrern und Eltern begann. Zum gegenwärtigen Zeitpunkt hoffen sie noch immer, daß die Renovierungsarbeiten bald aufgenommen werden. Die unmittelbaren Interessen der Jugendlichen waren damit natürlich nicht befriedigt. So entschlossen sich die Streetworker, auch dieser Gruppe einen Raum in ihrer „Zentrale" zur Verfügung zu stellen. Da es mit der ersten Gruppe bereits verschiedentlich zu Auseinandersetzungen (Diebstahl, „Rangeleien") gekommen war, legte man unterschiedliche Besuchstage für die beiden Gruppen fest. In der Folge kam es aus verschiedenen Gründen (Überbelastung der Streetworker aufgrund der viertägigen Öffnungszeit, vereinzelte Freundschaften der Mitglieder beider Gruppen untereinander) dann in Absprache mit den Jugendlichen zu einer Zusammenlegung beider Gruppen. So entstand allmählich ein Jugendtreff, der bis heute an drei Tagen der Woche geöffnet ist. Einzelne Jugendliche „mieteten" die Räume auch außerhalb der offiziellen Öffnungszeiten für Geburtstagsfeten und andere Anlässe.

Darüber hinaus galt ein nicht unerheblicher Anteil der Arbeit des Lübecker Teams (konzeptgemäß) der Vernetzung im Stadtteil, u.a. ging es um die Instandsetzung einer Schutzhütte und den Aufbau eines regelmäßigen Sportangebots. Letzteres fand zuerst in Zusammenarbeit mit der Jugendinitiative Vorwerk statt, in der Folgezeit konnte mit Unterstützung des Sportamtes und des Koordinators des Projekts „Sport gegen Gewalt" die wöchentlich Nutzung einer Sporthalle (einschließlich der Ferienzeiten!) vereinbart werden. Ein Streetballturnier, gemeinsam geplant und durchgeführt vom Projekt „Sport gegen Gewalt", Jugendamt und Streetwork-projekt, ist auf dem Wege der „Institutionalisierung".

Neben den „üblichen" Gruppenaktivitäten (wie Radtouren, Strand- besuchen, Spielen, Kochen, Konzert-, Theater- und Kinobesuchen) und der Beteiligung an stadtweiten Großveranstaltungen wie z.B. dem Kinder- und Jugendfest in der Musik- und Kongreßhalle führ- ten die Straßensozialarbeiter mit den Jugendlichen mehrere Grup- penfahrten durch (London, Kopenhagen). Erwähnenswert ist be- sonders eine Reise nach Polen, die mit der ersten Gruppe durchge- führt wurde. Die Idee dazu entstand aus Streitgesprächen zwischen deutschen und deutsch-polnischen Jugendlichen über Polen und die dortigen Verhältnisse. Ziel sollte es sein, daß Verhältnis von Deut- schen und Polen, gerade auch unter Berücksichtigung der NS-Zeit, zu beleuchten. Programmgestaltung und Festlegung der Fahrtroute erfolgte gemeinsam mit den Jugendlichen. Auch gab es eine inhalt- liche Vorbereitung, vor allem in Hinblick auf den Besuch in der KZ- Gedenkstätte Auschwitz.

Der *Möllner* Streetworker arbeitete sowohl mit deutschen wie mit türkischen Jugendlichen.[142] Am Anfang stand die Arbeit mit der rech- ten Szene, aus der heraus der Brandanschlag verübt worden war. Zugute kam ihm, daß er etwa die Hälfte der Jugendlichen, die zwi- schen 16 und 23 Jahren alt waren, bereits aus seiner Tätigkeit als Erzieher im Möllner Jugendzentrum kannte, das zum damaligen

---

[142] Da der Straßensozialarbeiter nach dem Brandanschlag den Verein ´Miteinander leben´ mitbegründet hat und dessen Vorsitzender ist, verfügt er ohnehin zu Kon- takten zur türkischen Bevölkerungsgruppe.

Zeitpunkt als „Glatzentreff" verschrieen war. Er widmete sich sowohl der intensiven Einzelbetreuung[143] mit Arbeitssuche, Klärung
finanzieller und familiärer Probleme wie Gruppenangeboten, etwa
Schlittschuhlaufen, Kanufahrten, Disko- und Kinobesuchen, Tages-
touren und dgl. Seine Arbeit ist im ganzen stärker auf Gruppen ausgerichtet. Der überwiegende Teil der von ihm betreuten Jugendlichen entwickelt/e sich nach seiner Einschätzung zu „normalen" jungen Erwachsenen (wenn auch nicht immer geradlinig und ohne „Fehl-
tritte"). Da die Jugendlichen in dieser Gruppe nicht mehr auffällig
sind, sich ihre persönliche Situation in der Regel stabilisiert hat und
nur Einzelne noch zur Szene zu zählen sind, findet eine gezielte
Arbeit mit ihnen von Seiten des Streetworkers nun nicht mehr statt.
Allerdings hat er weiterhin Kontakte zu ihnen, etwa bei Disko-
besuchen und an anderen Treffpunkten.

Schwerpunkt der Arbeit ist jetzt die Betreuung von zwei Gruppen
jüngerer Deutscher (15 bis 20 Jahre). Unter den Gruppen bestehen
Verbindungen, z.T. werden bei bestimmten Fragen Zweck-
gemeinschaften geschlossen. Einzelne von ihnen gehörten früher
ebenfalls dem Umfeld des Jugendzentrums an. Zwar gibt es „hand-
feste" Auseinandersetzungen mit türkischen Jugendlichen, doch sind
diese nach Einschätzung des Straßensozialarbeiters nicht fremdenfeindlich motiviert. Mehrere dieser Jugendlichen haben extreme
Gewalterfahrungen.

Ein weiteres Tätigkeitsfeld ist die Arbeit mit überwiegend türkischen Jugendlichen im Alter von 12 bis 19 Jahren, von denen Einzelne Opfer des Brandanschlages sind. Insgesamt hat sich die türkische Minderheit nach dem Brandanschlag stärker zusammenge-
schlossen. Die Jugendlichen halten in jeder Lebenslage „wie Pech

---

[143] in einem Fall über eine halbjährige „Betreuungsweisung".

und Schwefel" zusammen. Die Gewaltbereitschaft Einzelner wird als relativ hoch eingeschätzt.[144] Doch das Füreinandereinstehen quer durch alle Altersgruppen hat u.a. auch negative Folgen: Einzelne mißbrauchen die Rückendeckung zur Durchsetzung eigener, teils illegaler Interessen. Einige wenige von ihnen betreut der Straßensozialarbeiter intensiv, mit der Gruppe insgesamt spielt er einmal wöchentlich Fußball. Die rege Nachfrage nach seinen Angeboten, die der Straßensozialarbeiter alleine nicht mehr befriedigen konnte, führte zur Kooperation mit dem Projekt „Sport gegen Gewalt". Gemeinsam mit dem Möllner Sportverein und einem Fußballübungsleiter wird versucht, den Jugendlichen mittels Sport neue Kommunikationsmuster und Konfliktlösungsstrategien nahezubringen.

Die guten Kontakte zu deutschen wie türkischen Jugendlichen und die Akzeptanz, die der Möllner Streetworker bei den einen wie den anderen genießt, ermöglichten es ihm, deutsche und ausländische Jugendliche gelegentlich zu gemeinsamen Aktivitäten zusammenzuführen.

Erwähnenswert sind schließlich Einsätze des Möllner und des Geesthachter Kollegen in anderen Orten des Kreises, wie z.B. in Schwarzenbek. Angefordert über den ASD übernahmen beide zeitweise die Betreuung einzelner Jugendlicher, die obdachlos waren, in Wohnräumen bzw. Containern des Sozialamtes wohnten und deren Gruppenzusammenhang von starkem Alkoholkonsum geprägt war. Der Schwerpunkt der Arbeit lag hier bei Ämtergängen und

---

[144] Allerdings ist die Frage aufzuwerfen, ob die Gewaltkategorie am Platze ist. Die Bereitschaft von Opfern zurückzuschlagen, ist gemäß der oben verwendeten Definition nur unter bestimmten Bedingungen als Gewalt zu sehen (eine rücksichtslose Aggression, die ihrerseits Opfer fordert).

Alltagshilfen. Die Aufgabenüberlastung der beiden Streetworker und ein unverhältnismäßig hoher Zeitaufwand führten dazu, daß die Arbeit an diesen Orten bald wieder eingestellt werden mußte. (Gleichwohl besteht auch hier weiterhin Bedarf.)

Die Räumlichkeiten, die der Möllner Streetworker vorhält, wurden und werden nicht als allgemeiner Jugendtreff genutzt, sondern als Büro, als Treffpunkt einzelner Jugendlicher, als Notunterkunft, Übungsraum für Musikgruppen oder Werkstatt.

In *Geesthacht* gibt es im wesentlichen keine fest abgegrenzten Jugendgruppen außerhalb von Verbänden oder Vereinen. Eine gewisse Trennung ergibt sich territorial durch die Teilung der Stadt in Ober- und Unterstadt. Auch hier begann die Arbeit zunächst mit „Rechten", die sich aber bald „ins Private" zurückzogen und kaum noch in Erscheinung traten. Insgesamt ist die Situation in Geesthacht stark durch die Nähe zu Hamburg geprägt. Drogenkonsum und (klein)kriminelles Verhalten sind stark ausgeprägt, im Einzelfall liegen extreme Gewalterfahrungen vor. Es kommt häufig zu diskriminierendem Verhalten gegenüber benachteiligten sozialen und ethnischen Gruppen. Haupttreffpunkt der Jugendlichen ist die Fußgängerzone.

Der Straßensozialarbeiter arbeitet mit Kindern und Jugendlichen im Alter von 8 bis 25 Jahren. Es handelt sich überwiegend um Jungen, der Anteil der Mädchen, vorwiegend zwischen 13 und 17 Jahren, steigt allerdings an. Diese Jugendlichen bilden keine festen Gruppen, sondern Zusammenschlüsse, deren Mitglieder stark wechseln und die sich gelegentlich nur zu bestimmten Aktionen zusammenfinden.

Etwa 50 % der Jugendlichen sind Ausländer (aus dem ehem. Jugoslawien, Albaner, Italiener), und es gibt eine große Anzahl von Türken im Alter von 12 bis 25 Jahren.

Der Streetworker hat sich in der Vergangenheit intensiv mit den Problemen einzelner Jugendlicher befaßt, mit (Folgen von) Drogen- und Alkoholkonsum, Job- und Wohnungssuche, Begleitung zur Polizei und zu Gerichtsterminen, Behördengängen etc. Von allen Streetworkern der Projekte arbeitet er am stärksten erlebnispädagogisch: Neben Tennis, Fahrten zu Techno-Partys, Kinobesuchen, Weihnachtstreffen im Büro, Kegeln u.ä. hat er mit Einzelnen oder Kleingruppen z.B. ein Kajakkentertraining, Kanu- und Seekajaktouren, Fahrten zum Klettern(üben) und Tauchen unternommen. In seinen eigenen Räumen hat er zusammen mit den Jugendlichen einen Raum für Krafttraining eingerichtet. Hier können sich die Jugendlichen treffen, Videos sehen oder auch essen.[145]

In *Rendsburg* bedeutet der Personalwechsel nach anderthalb Jahren zeitlich wie inhaltlich eine Zäsur.

Die Arbeit des *ersten* Streetworkteams zeitigte[146] kaum Erfolge. Zwar konnten nach langer Anlaufzeit Räumlichkeiten gefunden werden, doch schon die Renovierungsarbeiten erfolgten im wesentlichen unter Ausschluß von Jugendlichen. Immerhin gelang es in Ansätzen[147], im Rahmen aufsuchender Arbeit, durch Beteiligung an einer Projektwoche an der Hauptschule in Büdelsdorf, in Zusammenarbeit mit Mitarbeitern des Jugendzentrums Büdelsdorf und durch Zuweisungen der Jugendgerichtshilfe Kontakt zu einzelnen Jugendlichen bzw. Gruppierungen der rechten Szene auf-

---

[145] Auf die Problematik, die sich durch die räumliche Nähe zur Drogenberatungsstelle ergibt, sind wir an anderer Stelle ausführlicher eingegangen (Kap. 10).

[146] teils aufgrund mangelnder Motivation, teils infolge von Problemen bei der Konkretisierung der Zielsetzung und einer wenig strukturierten Arbeitsweise.

[147] Dies war in erster Linie der Streetworkerin zu verdanken.

zubauen.[148] Auch gab es manches Freizeitangebot (Kicker, Fußball etc.). In Zusammenarbeit mit dem Jugendzentrum Büdelsdorf wurde eine gemeinsame Grillfete mit rechten Jugendlichen und Besuchern des Jugendzentrums veranstaltet. Schließlich gab es erste Ansätze einer Mädchenarbeit aus dem Umfeld rechtsorientierter Jugendlicher.

Der *Personalwechsel hatte eine Veränderung der Arbeitsweise und der Zielsetzung zur Folge.* Grundsätzlich kooperieren die Streetworker mit Mitarbeitern anderer Einrichtungen und Initiativen in Rendsburg. Eine aufsuchende Arbeit mit gewaltbereiten und/oder „rechten" Jugendlichen hat es infolge konkreter Vorfälle und gezielter Hinweise von Seiten der Polizei oder des Jugendamtes gegeben. Die aufsuchende Arbeit führte die Streetworker in Umlandgemeinden wie Rickert und Bovenau. Die Streetworker waren bei der Organisation eines Fußballturniers, von Filmvorführungen oder Discos ebenso beteiligt wie bei der Durchführung eines Open-Air-Konzertes in Zusammenarbeit mit dem Jugendzentrum Büdelsdorf. Die Projektmitarbeiterin entwickelt überdies eigenständige Angebote für und mit Mädchen aus dem Umfeld gewaltbereiter Jugendlicher.

Die Räumlichkeiten in der Neuen Straße stehen *allen* Jugendlichen zur Verfügung. Ein Team von Jugendlichen organisiert ein sogenanntes *Jugendcafé* im wesentlichen selbständig, während die Streetworker bei Bedarf als Ansprechpartner fungieren. Zu den Besuchern zählen auch türkische Jugendliche, mit denen es zeitweise zu Auseinandersetzungen kam. Auch in Rendsburg werden die Räume einzelnen Jugendlichen für Feten zur Verfügung gestellt. Die

---

[148] Erschwert wurde die Kontaktaufnahme auch dadurch, daß Anführer der rechten Szene „ihre Leute", die zum Teil sehr jung waren, recht gut „im Griff hatten" und ihnen offensichtlich zumindest zeitweise weiteren Kontakt untersagten.

Büroräume (mit festen Öffnungszeiten) werden (mit steigender Tendenz) für Einzelberatungen genutzt: Hier gibt es u.a. Hilfen beim Schreiben von Bewerbungen, bei der Arbeitsplatzsuche, Beratung nach Straftaten.[149]

Präventive aufsuchende Arbeit findet des weiteren in Zusammenarbeit mit einzelnen Lehrkräften an zwei Schulen statt: Über einen längeren Zeitraum war/ ist man damit beschäftigt, gemeinsam mit Schülern[150] und Lehrern zweimal wöchentlich unter fachlicher Anleitung ein altes Kajütboot instandzusetzen. Nach Fertigstellung soll das Boot von der Klasse verwaltet und genutzt werden (in Absprache mit der Klasse auch von Außenstehenden). Die Arbeit am Boot soll dazu beitragen, Beziehungsmuster aufzubrechen, (sozialverträgliche) Umgangsformen zu üben und insgesamt zu mehr kooperativem Verhalten führen. Mit zwei achten Klassen einer anderen Schule kam es über gemeinsame Aktivitäten (Spiele, Übernachtung in der Schule) zu Gesprächen über Klassenstrukturen und Formen des Umgangs miteinander, die nach Aussagen der Lehrerin zu positiven Veränderungen beigetragen haben.

Ein Schwerpunkt der Arbeit des Rendsburger Projekts lag und liegt in der (Neu-)Strukturierung eines Teils der Jugendarbeit und der Schaffung von Aneignungsräumen. In Westerrönfeld ging und geht es um die Konzipierung von Jugendarbeit und den Neu- bzw. Wiederaufbau eines Jugendzentrums. Im Vinzierviertel steht seit langem die Errichtung einer Hütte als „Wetterschutz" mit dazugehöriger Sitzgruppe, Lagerfeuerstelle und Spielfeld auf dem Programm. Zwar sind Vorarbeiten durch das Umweltamt bis jetzt abge-

---

[149] Der Projektmitarbeiter hat im Rahmen des Projekts eine Fortbildung zum Täter-Opfer-Ausgleich absolviert.
[150] Es gab Gewalttendenzen in der beteiligten Klasse.

schlossen, doch planungstechnische Fehler, krankheitsbedingte Ausfälle, Unstimmigkeiten hinsichtlich der Beteiligung von Jugendlichen u.a. verzögerten bisher eine Fertigstellung.[151]

8.3 Vernetzungsarbeit

Die Bedeutung von Netzwerken in der Straßensozialarbeit wird allenthalben betont: *„Um die Möglichkeiten der eigenen Institution (Amt, Abteilung, Kontaktladen, Beratungsstelle etc.) sowie der gesamten örtlichen institutionellen Zusammenhänge optimal nutzen zu können, müssen StreetworkerInnen auch dort gut integriert sein. Neben dem Kontaktnetz in der Szene sind gute institutionelle Kontakte ihr zweites Standbein."* [152] Die Bedeutung der „guten institutionellen Kontakte" wird gewiß auch aus den oben genannten Angeboten ersichtlich. Tatsächlich zeigte sich verschiedentlich, daß die Realisierung von Vorhaben mit der (Nicht-)Unterstützung einzelner Ämter und Einrichtungen steht oder fällt.

In den Projekten hat es vielfältige Kontakte und Kooperationspartner gegeben. Zu nennen ist die Zusammenarbeit mit dem ASD, mit der Jugendgerichtshilfe, Mitarbeitern aus Jugendzentren und anderen Jugendeinrichtungen sowie dem Projekt „Sport gegen Gewalt". (Unberücksichtigt bleibt an dieser Stelle der Dialog mit der Polizei und die Zusammenarbeit mit Schulen, da diesen Themen eigene Kapitel gewidmet sind.)[153]

---

[151] Es sei erwähnt, daß zwischen Träger und Streetworkern Uneinigkeit herrscht über die Bewertung. Ersterer hat das Produkt, letztere haben den pädagogischen Prozeß im Auge.

[152] GUSY u.a. 1990, S. 118; vgl. auch SIMON 1995a; MAATSCH/DUTSCHKE 1995.

[153] Den in der Regel guten Erfahrungen mit der Zusammenarbeit stehen vereinzelte Klagen über fehlendes Engagement, Kooperationsbereitschaft sowie Nicht-einhalten von Absprachen gegenüber.

Wenngleich alle drei Projekte sich auf das Prinzip der Freiwilligkeit stützten, nutzten sie doch auch mehr oder minder regelmäßig die Möglichkeit der *Zuweisung von Jugendlichen durch die Jugendgerichtshilfe*. Hier arbeiteten die Klienten die Auflage zur gemeinnützigen Arbeit stundenweise im Rahmen des Projektes ab. Der Streetworker fungierte als Betreuer, aber eben auch als Kontrolleur. Das Freiwilligkeitsprinzip ist in diesem Fall durchlöchert, eine angesichts weniger freundlicher Alternativen gleichwohl bewährte Möglichkeit. In der gemeinsamen Arbeitssituation etwa lernten sich Streetworker und Klient kennen. Nicht selten resultierte hieraus eine biografische Öffnung des Jugendlichen und die weitere Betreuung und Aufarbeitung aktueller Probleme. Überdies ergaben sich hieraus bisweilen Kontakte zu einer Clique. Eine Erweiterung dieser Arbeit ist an zwei Orten festzustellen: Polizei, Jugendgerichtshilfe, Richter, teils auch Staatsanwälte und Streetworker treffen sich, um sinnvolle Interventionen für bestimmte Fallkonstellationen zu erörtern. Hier geht es darum, der Herausbildung krimineller Karrieren vorzubeugen und stigmatischen Kreisläufen zu begegnen. In diesem Rahmen könnte es zukünftig eine Aufgabe der Streetworker sein, stärker auf Maßnahmen im Täter-Opfer-Ausgleich hinzuwirken.

In Lübeck[154] gab es von Projektbeginn an den vom Jugendamt der Stadt initiierten Versuch, durch die Gründung eines Beirates eine Grundlage für ein Netzwerk zu schaffen. Hauptaufgabe sollte nach Vorstellung des Jugendamtes die fachliche Beratung der Straßensozialarbeiter bei Projektplanungen und -durchführungen sein. Mit-

---

[154] Wir widmen dem Lübecker Projekt in diesem Zusammenhang einen größeren Abschnitt, weil hier die Vernetzung von vornherein zu einem Hauptaspekt der Arbeit erklärt worden war. (Überschneidungen mit den Kapiteln 7 und 10 sind gegeben.)

glied in diesem Beirat waren u.a. Vertreter des Trägers, des Jugendamtes aus den Bereichen Jugendschutz und Jugendpflege, des Sozial- und Jugenddienstes, des Grünflächenamtes, des Hochbauamtes, des Amtes für Schulwesen, verschiedener anderer Einrichtungen und der Polizei, die allesamt den Straßensozialarbeitern bei Bedarf als Ansprechpartner zur Verfügung stehen sollten. Man erhoffte sich durch eine kontinuierliche und unterstützende Tätigkeit des Beirats die Schaffung kurzer direkter Kommunikationswege mit dauerhaften, verläßlichen Ansprechpartnern für die Straßensozialarbeit in dem in Hinblick auf die Jugendarbeit so unterversorgten Stadtteil St. Lorenz Nord. Doch die Hoffnungen erfüllten sich nur bedingt. Die Größe des Gremiums brachte die Schwierigkeit mit sich, gemeinsame Sitzungstermine zu finden. Einzelne Ämter waren nur sehr am Rande mit den Bedürfnissen der Zielgruppe berührt und häufig bei Sitzungen nicht vertreten. Andere Ämter, deren Teilnahme für die Umsetzung bestimmter Arbeitsschwerpunkte wichtig und wünschenswert gewesen wäre, blieben häufig den Sitzungen fern. Im weiteren Verlauf des Projektes ging man dann dazu über, zu bestimmten Arbeitsschwerpunkten immer nur die Ämter und Initiativen einzuladen, die unmittelbar davon berührt waren. Im Lichte dieser und vergleichbarer Erfahrungen in anderen Projekten gelangen wir zu dem Schluß, daß *die direkten persönlichen Kontakte der Straßensozialarbeiter auf die Dauer fruchtbarer sind als große Gremien.*

Des weiteren wurde unter Leitung des Jugendamtes ein Treffen Freier Träger begründet. Neben dem Kennenlernen der Zielsetzungen und Inhalte der Arbeit der unterschiedlichen Träger[155] hat man

---

[155] AWO-Jugendtreff, SJD-Die Falken Kinder- und Jugendtreff, Caritas Mädchen- und Frauenprojekt, Jugendtreff Baggersand, IB Projekt Straßensozialarbeit.

sich den gegenseitigen Zugriff auf räumliche, materielle und u.U. auch personelle Ressourcen zugesagt. In diesem Kreise wurde in Folge auch die aufsuchende Arbeit von gewaltbereiten Jugendlichen im Umfeld des ZOB koordiniert.

Der Versuch, in Kooperation mit Lehrkräften stärker an Schulen zu arbeiten, ist in den einzelnen Orten unterschiedlich verlaufen (wie an anderer Stelle dargestellt[156]). Wegen der breiten Spanne der Erfahrungen (die von einer regelmäßigen fruchtbaren Zusammenarbeit mit einzelnen Lehrkräften bis zum Nichtreagieren von Schulen und Lehrkräften reichen) fallen Verallgemeingerungen schwer. Mehrfach hat sich aber gezeigt, daß die Straßensozialarbeiter bei ihren Schulkontakten „einen langen Atem" brauchten.[157] Im Einzelfall mag dies mit interprofessionellen Status- und Verständigungsproblemen zusammenhängen. Insgesamt aber läßt sich sagen, daß die Netzwerkarbeit überall dort positiv verlaufen ist, wo die Beteiligten die Existenz solcher Probleme überwunden haben.

8.4 Vernetzung: Bewertung der Erfahrungen

An der Zweckmäßigkeit der Errichtung und Nutzung von Netzwerken zu Gunsten der Jugendklientel gibt es keinen Zweifel. Tatsächlich hängt die *Effektivität von Straßensozialarbeit* davon ab, ob die Mitarbeiter *mit den Gegebenheiten im Gemeinwesen vertraut*

---

[156]Vgl. hierzu Kapitel 4.

[157]Wie bereits unter 4 erwähnt: Es sind in den vergangenen Jahren u.a. das Institut für Praxis und Theorie der Schule, die Landeszentrale für Politische Bildung, die Aktion Jugendschutz, das Projekt „Sport gegen Gewalt", einzelne Kommunen wie auch einzelne Schulen und Lehrergruppen und jetzt auch die Straßensozialarbeiter initiativ geworden, um das Thema Gewalt analytisch-theoretisch und pädagogisch-praktisch in die Schulen zu tragen. Nichtsdestoweniger scheint das Prozeßniveau des pädagogischen Bewußtseins vielerorts steigerbar.

sind, die *Ressourcen* und die *Leute* kennen, die über sie verfügen. Mit anderen Worten: es ist günstig, einen „Hiesigen" im Team zu haben[158], der über Verbindungen und Kommunikationskanäle verfügt und Hilfsangebote aktivieren kann (Beratungsstellen, Therapieeinrichtungen, Soziale Dienste, Sportvereine, Arbeitsamt und viele mehr).

Allenthalben hat sich bestätigt, daß die *persönliche Bekanntschaft* (im Jugend- amt, Sozialamt, Wohnungsamt, Arbeitsamt, bei der Polizei, in der Schule usw.) zu *schnellen, unbürokratischen professionellen Entscheidungen und Problemlösungen* verhalf. (Ganz besonders deutlich wurde dies im ländlichen und kleinstädtischen Raum, wo die Entscheidungsträger alle einander kennen.)

Schließlich sei auf die wichtige *Lobbyfunktion der Straßensozialarbeiter in Gremien, Arbeitsgemeinschaften, Stadtteilrunden* verwiesen. Die Auftritte in solchen Gruppen bilden einen schwierigen und sensiblen Arbeitsbereich. Oft ist eine Mehrheit der Teilnehmer weit weniger mit den Problemen der jugendlichen Klientel vertraut als die Straßensozialarbeiter. Der eine oder andere mag nicht einmal sonderlich interessiert sein, lehnt sich bequem zurück und fordert mehr oder weniger unwillig Aufklärung. Dies auszuhalten ist nicht leicht. Und immer ist abzuwägen, inwieweit und wie man hier die Interessen derer vertreten kann, die alles in allem zu den Unbeliebtesten der Gesellschaft gehören. Es hat sich in unseren Projekten (übrigens auch und gerade im Dialog mit der Polizei) als *Vorteil* erwiesen, wenn Streetworker ausdrücklich ihre *Anwaltsposition* hervorhoben. Wenn diese Position akzeptiert wird, ist es naturgemäß leichter,

---

[158] Dies war in allen drei Projekten mindestens periodisch der Fall (in Rendsburg freilich erst nach dem Personalwechsel und in Lübeck davor).

etwa auf die Modifikation bestehender Hilfsangebote hinzuwirken oder neue zu initiieren."[159]

Wie bereits mehrfach erwähnt, hat es in allen Projekten eine mehr oder minder intensive und erfolgreiche Vernetzungsarbeit gegeben. Ein Problem im Rahmen der Vernetzungsbemühungen soll allerdings nicht ausgespart bleiben, die *Verzettelungsgefahr*. Immer wieder berichteten Mitarbeiter unserer Projekte von Zusammenkünften und Sitzungen, in denen sie mit der puren Neugierde von Teilnehmern konfrontiert waren, wo man sie sozusagen „aushorchte", ohne aber offensichtlich in irgendeiner Weise weiter aktiv an dem Thema der Jugendgewalt oder der Straßensozialarbeit interessiert zu sein. Sie hätten das Gefühl, ihre Energien bei diesen Treffen zu vergeuden, die eigentliche Arbeit komme zu kurz, hieß es etwa. Allerdings ist dies ein Problem, das sich im Laufe zunehmender Professionalisierung von Straßensozialarbeit[160] reduzieren mag, wenn

---

[159] BECKER/RENTMEISTER 1996, S. 79: Streetworker *„sind 'Sprachrohr' für die Zielgruppe(n) in institutionellen, formellen und informellen Zusammenhängen der verschiedenen gesellschaftlichen Sphären und deren Organisationsformen (Ausschüsse, Behörden, Gremien, Arbeitsgemeinschaften), Interessenvertretung und werben für Akzeptanz der Zielgruppe(n) in der Öffentlichkeit."*

[160] In diesem Zusammenhang wird gern von *„Selbstmanagement"* gesprochen. SCHAFFRANEK (1996a, S. 62) z.B. konstatiert, daß viele Streetworker in einem Chaos unklarer Arbeits-, Organisations- und Zeitstrukturen zu versinken drohen und sich *„verirren.. im Dickicht zwischen intensiver Einzelfallarbeit und zeitraubender Gremien- und Vernetzungsarbeit."* Er zählt *„Qualitätsstandards für Selbstmanagement"* auf und fordert im wesentlichen die Entwicklung von struktureller Klarheit und Prioritätensetzung von Aufgaben und Aktivitäten (S. 63ff). So weit, so gut. (Eine ähnliche Diskussion ist aus den siebziger Jahren unter dem Stichwort „Operationalisierung" bekannt. Auslöser war auch seinerzeit eine Mittelverknappung. Aber man hatte noch nicht die Konkurrenz - und Übergänge - von produktivem und reproduktivem Sektor, die Konkurrenz der öffentlichen und privaten Dienste und die Konkurrenz um knappe Arbeitsplätze im kapitalistischen Blick.)

man lernt, zwischen notwendiger Außendarstellung und Lobby-
aktivität auf der einen Seite und überflüssiger Präsenz, Neugierde
und mancher Leute Hang zur Profilpflege auf der anderen Seite zu
unterscheiden.[161] Freilich können sich nur Streetworker mit einem
anerkannten Status diese Unterscheidung leisten.

---

[161] Vgl. auch GUSY u.a. 1990, S. 118 ff; MAATSCH/DUTSCHKE (1996, S. 68) weisen
ausdrücklich auf die mit der Vernetzungsarbeit verbundenen Gefahren hin: Un-
produktivität von Gremientreffen, Verletzung der Schweigepflicht, „Verzettelung"
bei einem Überhandnehmen von Gremienarbeit, Vernachlässigung aufsuchender Arbeit.

9. Dialog mit der Polizei

Eine der Vorgaben für die drei schleswig-holsteinischen Street-work-Projekte war der *Dialog mit der Polizei*. Soweit gewaltbereite (evtl. zudem fremdenfeindlich eingestellte) Jugendliche im Mittelpunkt des Interesses standen, konnte man von der Annahme ausgehen, daß Streetworker und Polizisten es nicht selten mit der gleichen Zielgruppe[162] „zu tun haben", allerdings mit unterschiedlichem gesellschaftlichem Auftrag und unterschiedlichen Methoden.[163]

Zu Beginn der Projekte 1994 schien jegliche Form der Kommunikation zwischen den beiden Berufsgruppen - vor allem für Straßensozialarbeiter - „ein heißes Eisen" zu sein: Zum einen zeigte das die Diskussionen um ein Kieler Projektes, zum anderen wurde dies bei den intensiven Debatten in den anlaufenden Projekten selbst deutlich.[164] Im Mittelpunkt der Diskussion stand die Frage, *wie über-*

---

[162] Die merkwürdige Kategorie der *Zielgruppe* taucht im Zusammenhang mit Straßensozialarbeit immer wieder auf (vgl. etwa BECKER 1995, S. 52ff). An dieser Stelle mag die Verwendung des Begriffes plausibel sein. Trotzdem versuchen wir, ihn anderswo zu vermeiden, gemahnt er doch ein bißchen an den Jargon von Geheimagenten in Feindesland.

[163] WIEBEN (1994, S. 28) stellt fest: „*Die heutige Alltagskooperation zwischen Polizei und Sozialarbeit wird im wesentlichen (noch) durch eine geringe Handlungsfreiheit und -bereitschaft der Polizei, durch unterschiedliche berufliche Qualifikationen, durch ein differierendes Rollenverständnis, durch Erwartungshaltungen der Zielgruppen und durch die Art der Zielgruppenkontakte sowie durch die jeweilige institutionelle Fixierung geprägt.*" Die Formulierung trifft aber unsere Erfahrungen nicht ganz, wie zu zeigen sein wird.

[164] Die Diskussionen waren erwartbar. KREBS (1995, S. 299) berichtet, daß 1982 regelmäßig stattfindende Streetworkertreffen u.a. an dieser Frage „starben". Bei BECKER/SIMON 1995 und KRAFELD 1996 findet sie keine Berücksichtigung. Hingegen sehen Berliner Praktiker - auch „*im Interesse einer effektiven Vertretung der von uns betreuten Jugendlichen - die Notwendigkeit, bei der Ausarbeitung eines Dialogmodells zwischen Sozialarbeit und Polizei mitzuwirken*" (BECKER u.a. 1996, S. 93),

haupt ein Dialog bzw. eine Zusammenbeit mit der Polizei aussehen kann, welche Maßgaben beide Seiten einhalten müssen, damit die Vertrauensbasis zwischen Jugendlichen und Streetworkern nicht zerstört und hiermit der eigentliche Auftrag der Streetworker gefährdet würde, nämlich die *sozialpädagogische* Arbeit mit gewaltbereiten Jugendlichen. Im Grenzfall negativer Publizität, so befürchtete man, könnten Streetworker gerade wegen ihrer Kommunikation mit der Polizei „verbrennen" und dem Ziel der Gewaltreduzierung sogar ungewollt entgegenarbeiten.

Einig waren sich alle, daß diese Frage mit großem Fingerspitzengefühl zu behandeln sei, zumal davon auszugehen war, daß nicht wenige Klienten Behördenvertretern - denen auch Streetworker selbst anfangs zugerechnet wurden - prinzipiell großes Mißtrauen entgegenbringen. Zudem würden, wie man wußte, manche Klienten ihre eigenen Erfahrungen mit der Ordnungsmacht Polizei mitbringen. Zumindest mußte man von einem negativ getönten stereotypen Bild dieser ungeliebten Berufsgruppe ausgehen. Jedwede Zusammenarbeit oder evtl. Vereinbarungen zwischen Polizei (und Justiz) und Straßensozialarbeitern würden aller Wahrscheinlichkeit nach auf Mißtrauen und Ablehnung der betroffenen Jugendlichen stoßen. Diese problematische Voraussetzung war schließlich noch mit dem Prinzip der Freiwilligkeit abzuwägen, auf dem die Arbeit mit den gewaltbereiten Jugendlichen erklärtermaßen beruhen sollte.

Im folgenden seien noch einmal einige wesentliche Arbeitsgrundlagen der beiden Berufsgruppen dargestellt. Daran anschließend werden wir über die bemerkenswerte reale Entwicklung des Dialogs berichten.

---

wenngleich auch Skepsis vorherrscht (BECKER/ BERNDT 1996). Sie propagieren keine generelle Zusammenarbeit, sondern einen *„problem- und sachorientierten, Zeit- und personenbezogenen Dialog"* auf gleichberechtigter Basis.

9.1 Gesellschaftlicher Auftrag

9.1.1 Polizei

Die Polizei - sie fällt in den Zuständigkeitsbereich der einzelnen Bundesländer[165] - übt als Organ der Exekutive das *staatliche Gewaltmonopol* aus. In der Ausübung ihrer Tätigkeit ist sie *an Recht und Gesetz gebunden*, d.h. sie kann immer nur die Aufgaben erfüllen, die ihr durch gesetzlichen Auftrag übertragen wurden. Ihre Hauptaufgaben sind die *Gefahrenabwehr und die Strafverfolgung*, dabei ist sie *repressiv wie auch präventiv tätig*.

Im *Bereich der Strafverfolgung* (und -verhütung) gilt das *Legalitätsprinzip*[166], d.h. es gibt einen Strafverfolgungszwang. Die Polizei ist ermächtigt bzw. verpflichtet, zur Aufklärung eines Sachverhaltes - ohne Ansehen der Person des Verdächtigen und im gesetzlich zulässigen Rahmen - *Ermittlungen jeder Art*[167] vorzunehmen und be- sowie entlastende Fakten zu ermitteln.[168] Als *Hilfsbeamte der Staatsanwaltschaft*, die als einzige Behörde ein Ermittlungsverfahren ein-

---

[165] Die gesetzlichen Regelungen der Bundesländer sind in den meisten Punkten ähnlich, z.T. sogar wortgleich. Das Polizeirecht für Schleswig-Holstein findet sich im LVwG.

[166] Das Legalitätsprinzip gilt nicht nur für die Schutz- und Kriminalpolizei, sondern auch für Polizeibehörden mit besonderen Aufgaben wie z.B. den Bundesgrenzschutz oder das Bundeskriminalamt.

[167] Dazu gehören: Vernehmungen von Beschuldigten/Zeugen, Identitätsfeststellung, vorläufige Festnahme, erkennungsdienstliche Behandlung von Beschuldigten und die Festnahme. Dabei ist die Polizei auch zu Zwangsmaßnahmen berechtigt.

[168] Murck u.a. (1993, S. 29) weisen für den Bereich der fremdenfeindlichen Kriminalität darauf hin, *„daß das Strafrecht mit seinen Sanktionsandrohungen, bereits sehr frühzeitig eingreift, beispielsweise bei den Propagandadelikten (§ 86 StGB) oder der Volksverhetzung (§ 130 StGB), die als potentielle oder abstrakte Gefährdungsdelikte anzusehen sind."* Allerdings sei das auch abhängig von der „Durchsetzung" vor Ort.

leiten kann, ist die Polizei bei „Gefahr im Verzuge" zu weiteren Maßnahmen berechtigt.[169]

Im *Bereich der Gefahrenabwehr und damit zusammenhängender
Präventivtätigkeit* ist die Polizei zuständig für den „Schutz der öffentlichen Sicherheit"[170], d.h. den Schutz individueller Rechtsgüter,
der Rechtsordnung, des Bestandes des Staates und der Funktions-
fähigkeit staatlicher Einrichtungen. Hier gilt der Grundsatz der Ver-
hältnismäßigkeit und des Übermaßverbots.[171]

9.1.2 Sozialarbeit

Grundsätzliches Ziel von Sozialarbeit/Sozialpädagogik ist die *Verhinderung, der Abbruch oder die Eindämmung von Dissoziierungs-
prozessen*, d.h. Absonderungsprozesse unter Berücksichtigung gesellschaftlicher Ursachen und Hintergründe zu verhindern oder zu
unterbrechen, um den Betroffenen eine Teilnahme am sozialen Leben zu ermöglichen.[172] Dazu gehören die Gewährleistung eines gesellschaftlichen Mindeststandards und die Abwendung von besonderen sozialen Notlagen, aber auch präventive Maßnahmen. Die
Klienten sollen durch „Hilfe zur Selbsthilfe" unterstützt und in die
Lage versetzt werden, ihr Leben selbständig und verantwortungsbe-
wußt zu gestalten und zu bewältigen.

---

[169] Dazu gehören: Körperliche Untersuchungen von Beschuldigten/anderen Personen; Durchsuchungen; Beschlagnahme von Beweismitteln, Einziehungs- und
Verfallsgegenständen.

[170] Nach SCHIPPER 1989, S. 12.

[171] Natürlich gibt es Überschneidungen mit dem Strafverfolgungsbereich und auch
gleiche Befugnisse (z.B. zur Identitätsfeststellung, Durchsuchung von Personen,
Sicherstellung von Sachen).

[172] Vgl. WURR/TRABANDT S.17.

Darüber hinaus ist es Aufgabe der Sozialarbeit, auf das Lebensumfeld einzuwirken, damit die Voraussetzungen für ein menschen-
würdiges Dasein geschaffen werden. Methodisch bedient sich die
Sozialarbeit - überkommenem Verständnis gemäß - der Einzelfallhilfe, der sozialen Gruppenarbeit und der Gemeinwesenarbeit, der
Ressourcenaktivierung sowohl bei Klienten und ihren Angehörigen
als auch im Netzwerk des Gemeinwesens.

Jugendarbeit (und hierzu gehört auch Straßensozialarbeit) ist ein
Betätigungsfeld für Sozialarbeiter. Normativ fällt sie unter die
Jugendhilfe[173], deren Schwerpunkte in § 11 III SGB VIII festgelegt
sind. Der DT. VEREIN FÜR ÖFFENTLICHE UND PRIVATE FÜRSORGE[174] hält
für Jugendarbeit fest: *„Ihre Lern- und Sozialisationshilfen sind geprägt durch Freiwilligkeit der Teilnahme, Flexibilität im konkreten
Handeln, durch Herrschaftsarmut, Verzicht auf Leistung i.S. institutionell vorgegebener, durch Kontrollen gesicherter Leistungser-
wartung und die Orientierung an den Interessen und Bedürfnissen
der Jugendlichen* (d.h. Lebensweltorientierung, d.V.), *die weitgehend
mitgestalten und mitbestimmen sollten."* Wesentliche praktische Ziele faßt er folgendermaßen zusammen: Jugendarbeit *„ist kein Bereich,
der isoliert von anderen Sozialisationsfeldern vorrangig i.S.v. Gestaltung freier Zeit arbeiten kann."* Ebensowenig ist Jugendarbeit *„in einzelne Fachbereiche aufzugliedern, sondern durch das übergreifende
Prinzip der politischen Bildung verbunden; allgemeine (offene) Angebote sind mit emanzipatorischen und ausgleichenden verzahnt. Die
sehr unterschiedlichen Lebens- und Arbeitsstituationen der Jugendlichen sind bei der Entwicklung der Angebote einzubeziehen, aber*

---

[173] Desweiteren gehören die Jugendsozialarbeit, der erzieherische Kinder- und Jugendschutz sowie die Hilfe für junge Volljährige und Nachbetreuung dazu.

[174] DT. VEREIN FÜR ÖFFENTLICHE UND PRIVATE FÜRSORGE 1986, S. 450f.

nicht allein i.S.v. Analyse und passiver Beratung, sondern wirkungs-orientiert. Damit werden z.B. Hilfen bei Konflikten mit Elternhaus, Schule, Ausbildung, die Förderung alternativen Wohnens und die Ent-wicklung sozialpädagogisch orientierter Ausbildungsgänge für sozio-kulturell benachteiligte Jugendliche zur vorrangigen Aufgabe der J. und stadtteilorientierte J. zu einem handlungsleitenden Arbeitsprinzip."

9.1.3 Gemeinsamkeiten und Differenzen

Insofern und insoweit man es in der praktischen Arbeit mit den selben Gruppen zu tun hat, ergeben sich zwangsläufig Berührungs-punkte zwischen Straßensozialarbeit und Polizei. Darüber hinaus gibt es Gemeinsamkeiten und Differenzen, die sich aus den unter-schiedlichen Arbeitsaufträgen und -praktiken ergeben.[175]

Gemeinsam ist Straßensozialarbeit und Polizei

- die Klientel der gewaltbereiten Jugendlichen
- als staatlichen(oder staatlich legitimierten) Instanzen eine Machtstellung gegenüber dem/n Betroffenen, allerdings mit professionseigenen Arbeitsweisen und -strategien.

Differenzen zwischen Sozialarbeit und Polizei bestehen

- in der hauptsächlich *repressiven* Tätigkeit der Polizei bei Gewalterscheinungen und in der eher *pädagogischen* Tätigkeit der Sozialarbeit.
- in der Ausbildung hinsichtlich von Verhaltensstrategien zur Vermeidung bzw. Entschärfung von Konfliktsituationen.

Die Polizei wird gerufen, wenn es „brennt". Erhält sie Kenntnis von geplanten oder begangenen Straftaten, muß sie aufgrund des Legalitätsprinzips Maßnahmen zur Verhinderung oder Verfolgung

---

[175] Vgl. HÖFS 1995 S. 18ff.

treffen. Szenen werden mit polizeilichen Mitteln (Festnahmen, Kontrollen) zerschlagen. *Präventive* Maßnahmen beziehen sich in der Regel auf die Entschärfung von *akuten* Gewaltsituationen. (In solchen Situationen, bei der sog. „Krisenintervention", kann es zu Überschneidungen zwischen Polizei und Sozialarbeit kommen.)

Dagegen widmet sich Sozialarbeit den Jugendlichen mit einem individuellen und ggf. auch mit einem gruppenpädagogischen Ansatz, u.a. mit dem Ziel der *Beeinflussung der Persönlichkeitsentwicklung* und der *Einübung sozialverträglicher Verhaltensmuster.* Sozialpädagogische Einflußnahmen können zudem *langfristig präventiven* Charakter haben, dann nämlich, wenn sie zu einem frühen Zeitpunkt im Leben der betroffenen Kinder und Jugendlichen greifen. Zumindest im beschränkten Rahmen von Netzwerk- und Gemeinwesenarbeit können Streetworker überdies *Einfluß auf das Lebensumfeld von Jugend(sub)kulturen* nehmen. Bei bereits begangenen Straftaten oder Gewaltdelikten ist Sozialarbeit jedoch nicht unabhängig von der Strafjustiz, die letztlich über die zu treffenden Maßnahmen entscheidet.

Was die Ausbildung für den Umgang mit den betroffenen Jugendlichen betrifft, so liegt der Schwerpunkt bei den angehenden Sozialarbeitern eher im Bereich der methodischen psychologischen und pädagogischen Fertigkeiten.[176] In der Polizeiausbildung ist die psy-

---

[176] Gesprächsführung, Rollenspiele und Gruppendynamik etwa. Verhaltensdiagnostische Kenntnisse ebenso wie spielpädagogische Fertigkeiten, jugendtypische Kenntnisse/Fertigkeiten im Bereich Sport, Tanz, Musik, Bewegung, visuelle Kommunikation usw. sind in diesem Zusammenhang ebenfalls von Belang. Die Palette der Kenntnisse und Fertigkeiten läßt sich aber nicht verbindlich benennen, weil die Angebote nicht nur unter den Ausbildungsstätten, sondern auch im Laufe der Zeit und schließlich noch zwischen Arbeitsschwerpunkten variieren.

chologische Schulung jahrelang vernachlässigt worden. Dies wird von nicht wenigen als problematisch empfunden, insofern Polizisten in der Regel als erste bei Konflikt- und Notsituationen eingeschaltet werden und zum Handeln gezwungen sind. Unseres Wissens gibt es zur Zeit in Schleswig-Holstein in der Grundausbildung (für den mittleren Dienst) ein „Gesprächstraining" und ein zweiwöchiges „Konflikthandhabungstraining". Zudem gibt es an der Landespolizeischule Seminare u.a. über Konflikthandhabung, Jugend und Gewalt, Gewalt gegen Frauen. Es stellt sich aber die Frage, ob dies angesichts zunehmender Gewalterscheinungen ausreicht und ob in der grundständigen Ausbildung nicht auch Inhalte vermittelt werden müssen, die dem Anspruch der Polizei als Konfliktschlichtungs- und Kriseninterventionsinstanz entsprechen.[177]

---

[177] WIEBEN 1994, S. 31: *„Zwar würde eine Änderung der Ausbildungsinhalte zu Lasten des Rechtsunterrichts gehen; der sozialwissenschaftlich orientierten Verhaltenslehre mit dem Ziel situationsgerechter und sozial angemessener Reaktion würde damit hingegen erstmalig Priorität eingeräumt."* An anderer Stelle geht WIEBEN noch weiter (S. 34): *„Eine wesentliche Basis für ein weitgehend reibungsloses Beziehungsgeflecht zwischen Polizei und Sozialarbeit sollte ... eine aufeinander abgestimmte Aus- und Fortbildung sein, die in bezug auf die hier erörterte Problembewältigung inhaltlich nicht gravierend unterschiedlich sein darf, weil für beide Berufsgruppen sowohl das juristische als auch das sozialwissenschaftliche Grundwissen gleichermaßen wichtig ist. Von besonderer Bedeutung ist es, daß beide Instanzen die Theorie- und Praxisinhalte und die Methoden ihrer Arbeitsfelder voneinander zumindest in den Grundstrukturen ebenso kennen sollten wie die Grenzen ihrer Handlungsmöglichkeiten."*

Es sei angemerkt, daß die Ausbildung für den gehobenen und höheren Polizeidienst (in Schleswig-Holstein) durchaus eine Reihe der geforderten Inhalte bietet. Das Problem liegt, wie unsere Gespräche mit verschiedenen Polizeien immer wieder bestätigten, vor allem in der grundständigen Ausbildung und betrifft die Mehrheit derer, die die Arbeit vor Ort tun. Es wurden mangelnde Fortbildungsangebote beklagt. Mancher bildet sich in eigener Initiative und auf eigene Kosten fort.

9.2 Vorurteile und Statusprobleme

Um das Bild *der* Polizei und *der* Polizisten ist es in weiten Teilen der Gesellschaft nicht zum besten bestellt.[178] Für einen Teil der Bevölkerung dürfte der Polizist nach wie vor der „Freund und Helfer" bzw. korrekte Beamte sein, für einen anderen dürfte das Bild des „Bullen", des „Gummiknüppel schwingenden Ordnungshüters" vorherrschen: rechtslastig, fremdenfeindlich[179], gewalttätig und auf dem rechten Auge blind. Dazwischen wird es wohl eine große Zahl von Menschen geben, die kein bewußtes Bild der Polizei haben. Den meisten aber dürfte es einfach unangenehm sein, mit Polizei zu tun zu haben.[180]

---

[178] Insofern hat sich seit den Studien zur Soziologie der Polizei in den 70er und 80er Jahren nicht viel geändert. Vgl. etwa LAUTMANN 1975, FEST 1976.

[179] Dieses Bild wurde in den letzten Jahren natürlich durch das Verhalten von Polizeibeamten in Hamburg, Berlin oder Bernau gefördert, die wegen fremdenfeindlicher, rassistischer Übergriffe in die Schlagzeilen gekommen waren. Insgesamt sind im Jahr 1993 laut „Die Woche" vom 22.9.1994 um die 9.000 Ermittlungsverfahren gegen Polizeibeamte wegen Diebstahls über Körperverletzung bis hin zu Tötungsdelikten geführt worden.

[180] Das erfahren auch Polizisten selbst so. Maibach 1996 fragte Polizisten u.a.: *„Welche Vorstellungen haben Sie von den Einstellungen des Bürgers zur Polizei? Vielleicht können wir einige Kategorien bilden."* Ein Polizist: *„Erste Kategorie der Bürger, der die Polizei als notwendiges Übel sieht ... Bestimmte Situationen können nicht ohne Polizei gelöst werden, es muß ja auch 'ne Feuerwehr geben ... Besser noch, man macht die Augen zu, dann muß man sie nicht rufen, dann sieht man ja nichts ... In der zweiten Kategorie ... Für diese Menschen ist Polizei ein Dienstleistungsunternehmen. Dritte Kategorie - diese Gruppe gibt´s auch: Bürger, die ein ganz inniges Verhältnis zur Polizei haben, interessanterweise häufig Frauen"* (S. 39). Ein anderer Polizist: *„Wollen mal so sagen: Es gibt nichts, was es nicht gibt. Sei es die Zecke; Hausbesetzerszene. Mit dem kann man nicht arbeiten, behaupte ich einfach ... Die Fronten auf beiden Seiten sind dermaßen verhärtet - das kann man vergessen. Das Feindbild steht ... Da gibt´s den neutralen Bürger, der einfach so hinnimmt, was passiert, und alles wohl in der Regel für richtig hält. Dann gibt es den satten amnesty international-freundlichen, der alles immer sehr kritisch sieht, weil er selbst ja keine Probleme hat. Also sucht er welche, und dann heißt es: 'Die Polizei, das kann alles so nicht richtig sein.' Der ruft dann direkt an,*

Diese Einstellungen sind stark von eigenen biografischen Erfahrungen geprägt. Ein solch extrem ambivalentes Bild scheint es von Sozialarbeitern nicht zu geben. Sie mögen mehr oder minder milde als „Sozialheinis" mit Helfersyndrom, vielleicht noch als ein bißchen alternativ stereotypisiert werden.[181] Mit Fremdenfeindlichkeit und Rassismus wird man sie in der Regel nicht in Verbindung bringen. Dagegen hält man sie eher für „links" und nimmt an, daß sie der Polizei ablehnend gegenüber stehen.

Selbstverständlich haben Polizisten und Sozialarbeiter auch eigene Vorstellungen von und Erfahrungen mit der anderen Berufsgruppe. Eine mögliche Kooperation zwischen Sozialarbeitern und Polizisten hängt eben hiervon, von der *persönlichen Einstellung der Akteure, möglichen Vorurteilen und dem Fremdbild der jeweilg anderen Profession,* ab. Im Rahmen unseres Projektes haben wir uns dem Thema empirisch genähert. H. Höfs führte 1995 eine Pilotstudie zum interprofessionellen Fremdbild von Polizisten und Sozialarbeitern durch. Sie kann nicht als repräsentativ gelten, aber bei Einbeziehung von 101 Polizeibeamten aller 8 Kieler Polizeireviere und 93 angehenden Sozialarbeitern.[182] kann sie gewiß einen

---

wenn der Nachbar etwas laut Musik hört. Und dann gibt's noch den guten strammen Menschen alter deutscher Prägung. Für die sind wir die letzten Deutschen, die letzten Helden des Vaterlands, die gibt's auch." (S.58)

[181] Die Verächtlichkeit gegenüber dem Berufsbild der 70er Jahre hat sich - wohl in Folge der quantitativen und qualitativen Entwicklung der Sozialarbeit - gelegt.

[182] Vgl. Höfs, H. 1995, S. 32 ff. Die Polizeibeamten waren zwischen 25 und 58 Jahren, 96,8 % Männer und 3,2 % Frauen. Die angehenden Sozialarbeiter waren 56 Berufspraktikanten und 37 Studenten der Sozialpädagogik an der Fachhochschule Kiel zwischen 20 und 45 Jahren, davon doppelt soviel Frauen wie Männer (was die Geschlechter in der Ausbildung repräsentiert). Zu bedenken ist, daß diese nicht über längere Berufserfahrung verfügen, d.h. in der Regel auch nicht über Erfahrungen mit Polizei im Berufsfeld.

ersten empirischen Einblick in das Thema geben und *Tendenzen* aufzeigen.

Die Frage, ob eine *grundsätzliche Verbesserung der Zusammenarbeit* von Sozialarbeit und Polizei befürwortet wird, beantworteten in beiden Berufsgruppen - und das mag zunächst einmal überraschen - *rund 90% positiv.*[183]

Nach der eigenen Einschätzung über die mögliche Einstellung der anderen Profession zur Zusammenarbeit befragt, verschätzten sich beide Berufsgruppen deutlich: 44% der Polizisten schätzten diese positiv[184], aber 54% negativ[185] ein. Bei den Sozialarbeitern tippten 58% auf eine positive Einstellung[186] und 41% auf eine negative Einstellung der Polizisten[187]. *Gegenseitig scheint man sich den Wunsch nach Zusammenarbeit nicht recht zuzutrauen.*

Größeren *Einblick in das andere Berufsfeld* wünschen sich *82% der Polizeibeamten* und *74% der Sozialpädagogen* - ein bemerkenswertes Ergebnis, das darauf hindeutet, daß man *nicht viel voneinander weiß.*

Die *Verhaltensbeurteilung durch die jeweils andere Berufsgruppe* gibt weitere Aufschlüsse über das wechselseitige Berufsbild. Das *von Sozialarbeitern vertretene Fremdbild der Polizei* ist durch folgende Annahmen geprägt:

- 51% der Sozialarbeiter halten Polizeibeamte für korrekt und sachlich bzw. freundlich,

---

[183] Genau genommen bei den Polizeibeamten rund 67 % mit „ja", rund 23 % mit „eher ja", bei den angehenden Sozialarbeitern insgesamt rund 59 % mit „ja" und rund 31% mit „eher ja".

[184] 17% der Polizisten glaubten, daß Sozialarbeiter „dafür" seien, rund 27% „eher ja".

[185] 45% der Polizisten glaubten es „eher nicht" und rund 9% nicht.

[186] 12% auf „ja", 46% auf „eher ja".

[187] 33% auf „eher nein" und 8% auf „nein".

- 16% schätzen die Tätigkeit als helfend ein,
- 51% halten Polizeibeamte allerdings auch für überheblich,
- 19% für nervend und
- 25% für aggressiv.

Das *von Polizisten vertretene Fremdbild der Sozialarbeiter* ist durch folgende Annahmen geprägt:

- 52% der Polizisten halten Sozialarbeiter für sachlich
- 25% verbinden das Attribut helfend mit der Sozialarbeit
- 38% halten Sozialarbeiter für freundlich
- 24% für korrekt
- 23% für verständnisvoll
- 20% aber auch für überheblich,
- 19% für nervend und
- 7% für aggressiv.[188]

Auf die Frage, *wer am ehesten Gewalterscheinungen bekämpfen könne*, hatten bei beiden Professionen Eltern bzw. sonstige Erziehungsberechtigte einen sehr hohen Stellenwert[189]:

Wer kann am ehesten Gewalterscheinungen bekämpfen?

	Polizistenmeinung	Sozialarbeitermeinung
Eltern/Erziehungsberechtigte	88%	71%
Schule	68%	68%
Polizei	50%	31%
Sozialarbeit	37%	75%
Medien	44%	62%

---

[188] Alle Zahlen wurden gerundet.
[189] Hier waren Mehrfachnennungen möglich.

Beide Berufsgruppen sprachen sich entschieden dafür aus, die *eigene Berufsgruppe* zur Bekämpfung von Gewalt *materiell wie personell besser auszustatten*: Polizei 95%; Sozialarbeit 98%.

Für eine *bessere Ausstattung der jeweils anderen Profession* sprachen sich bei den Sozialarbeitern zwei Drittel[190] aus und ein Fünftel dagegen[191]; bei der Polizei sprachen sich immerhin mehr als vier Fünftel[192] dafür aus.

Die Frage, wie die *eigene Berufsausbildung* hinsichtlich ihrer *Relevanz für die Berufspraxis* eingeschätzt wird, beantworteten gut 74% der Polizisten *positiv*, aber nur 45% der Sozialarbeiter mit „eher ja" und rund 42% mit „eher nein"[193], das heißt *skeptischer*. (Am Rande sei immerhin auf die unterschiedlichen formalen Ausbildungs-niveaus und die daraus resultierende unterschiedliche Besoldung hingewiesen.[194])

Bei der *gegenseitigen Beurteilung einzelner Fähigkeiten* gab es naturgemäß (?) erhebliche Differenzen. So wurde das Einfühlungsvermögen von Polizisten durch Sozialarbeiter nur von 24% als positiv[195], aber von 61% als *negativ*[196] beurteilt, hingegen das der Sozialarbeiter durch Polizisten zu zwei Dritteln *positiv*[197].

---

[190] 43 % mit „ja", 23 % mit „eher ja".

[191] 25%.

[192] 47 % mit „ja" und 29 % mit „eher ja".

[193] Hier gibt es deutliche Unterschiede zwischen Studenten und Berufspraktikanten, die ihre Ausbildung in einem höheren Maße als der Berufspraxis angemessen einstuften! Nicht auszuschließen scheint uns, daß die Skepsis hinsichtlich der eigenen Ausbildung durch diese selbst vermittelt wird.

[194] Akademisch, fachlich; mittlerer Dienst, gehobener Dienst.

[195] gut: 1%, zufriedenstellend: 23%.

[196] nicht zufriedenstellend: 42%, schlecht: 19%.

[197] gut: 19%, zufriedenstellend: 47%.

Für *tolerant* hielten 63% („sehr gut" und „zufriedenstellend") der Polizisten Sozialarbeiter, aber nur rund 24% der Sozialarbeiter Polizisten.

Ebenso bewerteten rund 75% der Polizisten die *Kontaktfähigkeit* der Sozialarbeiter positiv[198], umgekehrt hielten nur 43% der Sozialarbeiter Polizisten für kontaktfähig.

Wenngleich die Studie nicht als repräsentativ angesehen werden kann, so dürfte sie doch (wie schon eingangs gesagt) die Tendenzen der wechselseitigen Berufsbilder von Sozialarbeitern und Polizisten wiedergeben. Bemerkenswert war im übrigen das *deutliche Interesse* am jeweils anderen Berufsfeld (und der dazugehörigen Ausbildung). Dies wurde durch Erfahrungen in den Projekten sowohl mit gemeinsamen Fortbildungsveranstaltungen als auch mit interprofessionellen Zusammenkünften aus fachlichem Anlaß bestätigt.

Tatsächlich ergeben sich *sowohl in der Theorie als auch in der Praxis* nicht wenige *Berührungspunkte zwischen den Professionen*, die die Überlegung nahelegen, ob und inwieweit man über den an einzelnen Orten aufgenommenen Dialog hinaus zu *gemeinsamen Fortbildungsveranstaltungen* gelangen könnte. Gewiß muß der Problematik unterschiedlicher Ausbildungsniveaus und formaler Berechtigungen Aufmerksamkeit gewidmet werden - im Sinne der Beseitigung eines Hindernisses.[199]

---

[198] sehr gut bis zufriedenstellend.

[199] Wir erlauben uns, auf die in den USA gängige Praxis des Zusammenbringens verschiedener Berufsgruppen zu verweisen. Man sieht von den formalen Vorbildungen ab und achtet auf die tatsächlichen Erfordernisse und Erfolge der Zusammenarbeit.

9.3 Unterschiede in Struktur und Arbeitsweise der Polizeien

An den insgesamt vier Projektorten gibt es teils unterschiedliche Polizeistrukturen und differierende Methoden.

In *Lübeck* existiert für den Bereich der Jugend-/Gruppengewalt seit Juli 1994 eine *Einsatz- und Ermittlungsgruppe* (EEG) [200], die der Kriminalpolizei zugeordnet ist. Die EEG ist nicht für fremdenfeindliche Straftaten zuständig, dieses fällt in den Bereich des Kommissariats 5.[201] Die EEG besteht aus 11/12 Beamten[202] der Schutz- und Kriminalpolizei, die sich freiwillig zur Arbeit in der EEG bereit erklärt haben. Das Durchschnittsalter der Beamten liegt bei etwa 30 Jahren. Nach bisherigen Erfahrungen arbeiten die Beamten etwa zwei bis drei Jahre in der EEG, um anschließend wieder die Arbeit in ihren vorherigen Dienststellen aufzunehmen.

Für alle Lübecker Stadtteile ist jeweils mindestens ein Beamter zuständig. In Zivil[203] suchen die Beamten den Kontakt zu den Jugendlichen auf der Straße und begeben sich auch an ihre informellen Treffpunkte. Sie besitzen umfangreiche Kenntnisse über die Lübecker Jugendszenen, sind dort bekannt[204] und haben nicht selten sogar Kenntnisse von (familiären) Problemen und Lebensumfeld ein-

---

[200] Es gab bereits seit 1986 zwei Ermittlungsgruppen, allerdings getrennt bei der Schutz- und Kriminalpolizei.

[201] Kontakte der Streetworker bestanden sowohl zum Kommissariat 5 als auch zur EEG, wobei der Kontakt zu letzterer intensiver war, da die Streetworker ja nicht ausdrücklich nur mit rechtsorientierten Jugendlichen arbeiteten.

[202] Davon unseres Wissens eine Beamtin.

[203] Sie betonten, daß der Zugang zu den Jugendlichen nach ihren Erfahrungen sofort erschwert, wenn nicht gar unmöglich sei, sobald sie in Uniform aufträten.

[204] Dies gab den Beamten in der Vergangenheit die Möglichkeit, in Konfliktsituationen deeskalierend einzugreifen.

zelner Jugendlicher. Gute Kontakte bestehen außerdem zu den Einrichtungen der offenen Jugendarbeit und zum Jugendamt.

Unsere Eindrücke und Informationen verdichten sich zu einem Bild von Engagement und Einsatzbereitschaft.[205] So wird hervorgehoben, daß selbst Einsätze zu „ungünstigen" Zeiten (an Wochenenden und nachts) ebenso wie Überstunden kein Problem seien. Die Arbeitsatmosphäre wird als kollegial beschrieben.

Eine eigene Gruppe wie in Lübeck gibt es *in den anderen Projektorten* nicht. Hier sind jeweils *„Kontaktbeamte"* bzw. *„Jugendbeauftragte"* in den Revieren für diesen Bereich zuständig.[206] Die Rendsburger Polizei hat ihre Struktur im letzten Jahr dahingehend geändert, daß es pro Schicht einen Beamten gibt, der für den Jugendbereich zuständig ist. Auch hier treten die Beamten auf der Straße an Jugendliche heran[207], allerdings in Uniform. Waren massivere gewalttätige Auseinandersetzungen zu erwarten,[208] ergriff die Polizei präventive Maßnahmen: Das Polizeiaufgebot wurde verstärkt, einzelne Personen aus der Stadt oder dem Bezirk ausgewiesen oder in Gewahrsam genommen.[209]

Die Lübecker und Rendsburger Polizisten beurteilen ihre so entstandenen Kontakte zur Jugendszene positiv: Man hätte in der

---

[205] Hintergrund sind mehrere Gespräche mit Einsatzleitung und Mitarbeitern.

[206] Unseres Wissens sind alle älter als ihre Lübecker Kollegen, und es befindet sich unter ihnen keine Beamtin.

[207] Für Mölln und Geesthacht ist uns diese von Polizeiseite initiierte Kontaktaufnahme zu Jugendlichen nicht bekannt.

[208] Zeitweise trafen sich in Rendsburg an Wochenenden bis zu 60, 80 rechtsorientierte Jugendliche, die auch aus anderen Städten Norddeutschlands angereist kamen.

[209] Als weitere präventive Maßnahme gründete sich mit auf Initiative der Polizei der Arbeitskreis „Gewaltfreie Stadt" in Büdelsdorf. Weiterhin wären als präventive Maßnahme die Einrichtung der kriminalpräventiven Räte in verschiedenen Städten zu sehen, die an dieser Stelle aber unberücksichtigt bleiben.

Vergangenheit Gewalttätigkeiten vermieden und auf einzelne Jugendliche in „brenzligen" Situationen positiv einwirken können.[210]

Eine *spezielle Vorbereitung, Aus- oder Fortbildung auf ihre Aufgaben haben weder die Polizeibeamten der EEG noch die anderen Jugendsachbearbeiter erhalten.* Das vorhandene Wissen ist Ergebnis selbständiger Einarbeitung, gruppen- bzw. revierinterner Diskussion[211] und Weiterbildung.[212]

Bei Gesprächen mit Vertretern der Polizeien hatten wir sehr früh den Eindruck, daß *hinsichtlich einer möglichen Strafverfolgung Unsicherheiten* aufgetreten waren und deshalb die *Klärung von Delikten und Interpretation gesetzlicher Normen seitens der Justiz hilfreich* sei. Die Polizei trifft zwar vor Ort eine Vorentscheidung hinsichtlich einer möglichen Strafverfolgung, benötigt dafür aber eine möglichst eindeutige Rechtslage. Gespräche mit der Leiterin des Kriminologischen Instituts der Universität Kiel, dem Generalstaats-

---

[210] Die Rendsburger Polizei betonte allerdings, daß dies nicht für die Antifa-Szene gelte. Die mehr rechtsorientierte Szene sei - auch auf der Wache - aufgrund ihrer Autoritätsgläubigkeit i.d.R. leichter zu „händeln". Den Kontakt zu Szenen nennen MURCK u.a. (1993, S 35) auch als ein Kriterium erfolgreicher „gemeindeorientierter Polizeiarbeit": *„Da rechtsextremistische und fremdenfeindliche Gewalt in lokalen Szenen entsteht und sich dort austobt, hätte die Polizei nach unserer Auffassung bessere Informationsgrundlagen und Handlungsansätze, wenn sie selbst im Rahmen ihrer Aufbauorganisation stärker in lokalen Strukturen oder sozialen Milieus verankert wäre ...Tatsache ist, daß die Polizei überall dort erfolgreich handelt, wo sie möglichst engen Kontakt zu potentiellen Opfern und Tätern, zum Alltag der normalen Bürger aber auch zum Lebensstil abweichender Minderheiten hat."*

[211] So findet z.B. in Rendsburg einmal im Monat Dienstunterricht statt.

[212] Die fehlende institutionell abgesicherte Vorbereitung auf dieses spezielle Aufgabenfeld wurde allgemein bemängelt. Man wünschte sich polizeiinterne Fort- und Weiterbildung.

anwalt sowie den zuständigen Staatsanwälten von Kiel und Lübeck über einige konkrete Fälle ergaben folgendes Bild:

- Der Anspruch einer einheitlichen Rechtsauffassung und Deliktdeutung bestand, aber in der Praxis existierten offenkundig Interpretationsunterschiede. Dies wurde z.b. in der Frage deutlich, wie Brandanschläge angeklagt wurden.
- In der Vergangenheit hatte es, zumindest in einzelnen Fällen, Kommunikationsprobleme zwischen Staatsanwaltschaft und Polizei gegeben.

Innenministerium und Staatsanwaltschaft waren bemüht, Interpretationsdifferenzen zugunsten einer sichereren Rechtsgrundlage für die Polizei zu beseitigen. Inwieweit diese Bemühungen allerdings Polizisten vor Ort erreicht hatten, blieb fraglich, berichtete man uns doch gelegentlich, daß man beim Einsatz z.b. den Erlaß des Innenministers vom 2. Februar 1994 schon „unterm Arm" tragen müsse, um entscheiden zu können, welches Symbol, welche Fahne oder welches Emblem strafrechtlich zu verfolgen sei.

Gleichviel scheint manche Verunsicherung im Laufe der Zeit neuen Verfolgungs- und Verfahrensroutinen gewichen zu sein.

9.4 Modi der Zusammenarbeit

Nach einem längeren Klärungsprozeß[213] einigten sich die *Streetworker* auf folgende Leitlinien, die Grundlage für ihre Kontakte zur Polizei sein sollten:

- *Straßensozialarbeiter wie Polizisten akzeptieren*, daß die jeweils andere Berufsgruppe eine *andere Aufgabenstellung* und damit zusammenhängende unterschiedliche Vorgehensweisen hat.

---

[213] Die Positionen waren zuerst professionsintern geklärt worden, danach folgten Gespräche mit der jeweils anderen Berufsgruppe.

- Polizei ist eine strafermittelnde und strafverfolgende Institution, Sozialarbeit keine Erfüllungsgehilfin der Polizei und kriminalpräventive Einrichtung. Für eine glaubhafte und erfolgreiche Straßensozialarbeit ist Voraussetzung, daß *Straßensozialarbeiter in keiner Weise in ordnungspolitische Zwangsmaßnahmen* gegen die Szene, mit der sie arbeiten, *eingebunden* sind.
- Die Streetworker erwarten *von der Polizei eine Unterstützung ihrer Arbeit durch Hinweise und Informationen:* Darunter fallen z.B. Hinweise auf Veränderungen oder besondere Vorkommnisse in den Jugendszenen, Information und Hinzuziehung von Streetworkern im Hinblick auf (einzelne) Jugendliche, die bei der Polizei aktenkundig geworden sind u.ä.
- Die Streetworker erwarten, daß dieses *„im Einbahnstraßenprinzip"* erfolgt, d.h. sie nehmen für sich in Anspruch, in jedem Fall die Anonymität der Klienten zu wahren, keine konkreten Daten und Fakten weiterzugeben und keine Anhaltspunkte für mögliche Straftaten zu liefern[214].
- Auch gegenüber der Polizei verstehen sich *Streetworker als „Anwälte" der Szene,* mit der sie arbeiten. Für (einzelne) Jugendliche werden sie gegenüber der Polizei tätig, um „schlimmeres zu verhindern" (d.h. etwa Stigmatisierung und weitere Kriminalisierung zu unterbinden).
- Bei (geplanten) gewalttätigen Auseinandersetzungen und Übergriffen werden sie bemüht sein, in erster Linie allein zu intervenieren. Allerdings behalten sie sich vor, *in Grenzsituationen mit Wissen der Jugendlichen die Polizei einzuschalten.* Als Grenzsituation sehen sie (geplante)

---

[214] Es sei denn, es bestehe Gefahr für Leib und Leben.

Überfälle auf Leib und Leben an, etwa auf Flüchtlinge
oder Angehörige von Minderheiten.

• Den *Jugendlichen gegenüber machen* die Streetworker
deutlich, welche Verhaltensweisen sie nicht mehr mittragen
können und *wann* sie den *Zeitpunkt für gekommen sehen,
die Polizei einzuschalten.*

• Die Streetworker machen den Jugendlichen ihr *Verständnis
von Kontakten zur Polizei und im Einzelfall Gründe für den
Kontakt bekannt.*

Die *Erwartungen,* die die *Polizei* an die Zusammenarbeit mit den
Streetworkern knüpfte, lassen sich wie folgt zusammenfassen: Sie
erhoffte sich eine *Verbesserung ihrer Arbeitssituation* dadurch, daß

• *Streetworker zu den Jugendszenen und besonders zu solchen
Jugendlichen Kontakt haben,* die (häufig und immer wieder)
polizeilich auffällig werden; d.h. daß Streetworker
gefährliche Verhaltensweisen auffangen und abwenden
sollen, so daß ein Einsatz der Polizei als strafermittelnde
und -verfolgende Behörde weniger erforderlich wird,

• sie *Hinweise und Informationen über allgemeine Tendenzen
und Strukturveränderungen* in den Szenen erhält,

• *konkrete Absprachen in bezug auf Großveranstaltungen* getroffen
werden können, um gewalttätige Auseinandersetzungen zu verhindern bzw. deeskalierende Strategien vorbereiten zu können,

• daß sie ihrerseits die (pädagogische) Aufgabenstellung
der Straßensozialarbeiter akzeptiert und sich gleichzeitig
bereit erklärt, *Streetworker mit Informationen über
Jugendliche und Jugendszenen zu versorgen*[215]. Gegenleistungen
in Form konkreter Fakten werden dagegen nicht erwartet.

---

[215] etwa auf Treffpunkte aufmerksam zu machen.

9.5 Erfahrungen

Um es vorweg zu nehmen: *Der Dialog mit der Polizei gestaltete sich unproblematischer als vermutet. Beide Seiten schätzten die Zusammenarbeit als sinnvoll und nützlich* ein. Die Polizeien an den verschiedenen Orten bekundeten deutlich, daß man die Arbeit von und den Kontakt zu den Streetworkern als gewinnbringend einschätzte. - Die polizeiliche Wertschätzung der Arbeit der Streetworker läßt sich gewiß auch an der Verleihung der „Knattertonmütze" 1996 des Bundes Deutscher Kriminalbeamter an die Lübecker Streetworker ablesen. Diese Ehrung wird Personen zuteil, die sich besonders um Kriminalitätsverhütung verdient gemacht haben. -

Festzustellen ist gleichwohl, daß der Dialogbedarf erheblich variiert. Der *Kontakt war örtlich und zeitlich unterschiedlich intensiv*, die *Straßensozialarbeiter* sahen in der Regel nur *sporadisch Bedarf* zur Zusammenarbeit, und zwar dann, wenn es um konkrete Situationen und/oder Vorfälle ging.

Der Vorteil des Dialoges ist aber nicht nur an Fällen und Ergebnissen zu messen. Letztere werden allenthalben positiv beurteilt (s.u.). Vielleicht ebenso bedeutsam ist die Erfahrung, daß *sich Straßensozialarbeiter wie Polizisten gegenseitig* als Personen, ungeachtet unterschiedlicher Arbeitsaufträge und Rollen, *akzeptierten oder zu akzeptieren gelernt haben.* Wenn es Vorurteile gab, hat der persönliche Kontakt in den meisten Fällen dazu beigetragen, diese abzubauen.

Eine wesentliche Erfahrung besteht in der Dialogroutine unter der Voraussetzung des einseitigen Informationsflusses. Diesen Modus gefunden zu haben und keine Informationserwartungen gegenüber den Streetworkern geltend zu machen, bedeutet ein Stück *Professionalität* für beide Berufsgruppen. *Hilfreich für die inhaltliche Arbeit der Straßensozialarbeiter* war es, *Tips und Informationen von seiten der Polizei* zu erhalten. Dies erfolgte zum einen im persönlichen Gespräch (regelmäßig/ unregelmäßig), zum anderen auch - wie in Lübeck - durch regelmäßige Übermittlung der Quartalsberichte der EEG. Zuweilen kam es aber auch vor, daß Streetworker direkt und unverzüglich von Polizeiseite hinzugezogen wurden.[216] Hierdurch eröffnete sich ihnen die Möglichkeit, schnell(er) zu intervenieren[217] und zuweilen schlimmere Folgen für den Klienten abzuwenden. Bemerkenswert ist, daß das „Einbahnstraßenprinzip" der Informationsgabe im großen und ganzen eingehalten wurde. (Sehr vereinzelt gab es Versuche von Polizisten, nähere Informationen über Jugendliche von Streetworkern zu erhalten. Lehnten diese das Ansinnen ab, wurde es auch respektiert.[218])

Eine weitere wesentliche Erfahrung unserer Projekte besteht darin, daß sich die Position der Streetworker bezüglich eines Kontaktes zur Polizei den Jugendlichen durchaus vermitteln ließ. Zum Teil profitierten sie davon, da der Streetworker als Mittler zwischen beiden auftreten konnte. So wurden z.B. mit Einverständnis der Jugendlichen Treffen zwischen ihnen und Polizisten auf „unverfänglichem Boden" (in Streetworkräumen) zur Klärung aufgetretener Probleme arrangiert.

Die *Polizeien* sehen es als *positiv* an, daß es überhaupt *Straßensozialarbeiter als Ansprechpartner* gibt, daß sie Jugendliche an diese „weitergeben" und indirekt so *zur persönlichen Stabilisierung der Betroffenen* beitragen können. Im übrigen zeigte sich, daß gerade dieje-

---

[216] Hier gab es natürlich auch Reibungspunkte: Hin und wieder waren Klagen von Streetworkern zu hören, daß die Polizei vergessen habe, sie einzuschalten. Dies wurde im nachherein von der Polizei bedauert und die rechtzeitige Information für zukünftige Fälle zugesagt.

[217] In einzelnen Fällen hatten Polizisten offensichtlich die Hoffnung, daß Streetworker auf Jugendliche einwirken würden, sich zu Straftaten zu bekennen. Diesem kamen sie nicht nach, was auf Polizeiseite bedauert wurde.

[218] Zielgerichtete polizeiliche Funktionalisierungsversuche, wie KRAFELD/MÖLLER/MÜLLER (1996, S. 324) sie befürchten, konnten wir nicht feststellen.

nigen Polizisten, die mit dem „Klientel" der gewaltbereiten Jugendlichen eng zu tun haben, durchaus die familiären Hintergründe, das Umfeld und die gesellschaftlichen Teilhabechancen mancher Betroffenen im Blick haben. Dies ist naturgemäß eine hervorragende Bedingung für den interprofessionellen Dialog. Gewiß ist es auch vorgekommen, daß Polizisten durch Streetworker einen näheren Einblick in die Probleme bekommen, die manche Jugendliche heute haben.[219]

Alle Polizeien *vertreten die Meinung, daß der Einsatz von Streetworkern zur Verminderung von Gewalt (durchaus auch im Sinne von Straftaten)* beigetragen hat.[220]

Deeskalation verstanden als Arbeit gegen Gewalt und gegen Angst vor Gewalt hat auf verschiedenen Ebenen stattgefunden: Zum einen haben sich Straßensozialarbeiter überhaupt um Jugendliche und ihre Probleme „gekümmert" und versucht, ihnen alternative Beschäftigungen zu bieten (im Rahmen von Projekten, von Freizeit- und Ferienangeboten etwa), zum anderen fühlten sie sich (sozusagen neben und jenseits der Polizei) in schwierigen Situationen und Notfällen zuständig und versuchten, mit ihren (nicht-repressiven kommunikatorischen und pädagogischen) Mitteln zu intervenieren, und drittens konnten Streetworker und Polizisten[221] in bezug auf Großveranstaltungen, Volksfeste etc. in allen Projektorten über das jeweilige Vorgehen konkrete Absprachen treffen, um gewalttätige Auseinandersetzungen zu verhindern.[222]

---

[219] Dies gilt u. E. für Geesthacht und Mölln.

[220] Wenngleich dies kaum meßbar ist, wird nicht selten auch mit Zahlen argumentiert.

[221] Dies betraf nicht nur Sondereinheiten, sondern auch die Schutzpolizei.

[222] Nur am Rande sei hier erwähnt, daß die Polizeien aller Projektorte die Einstellung der Projekte aus finanziellen Gründen bedauern. Sie hätten sich dringend eine Weiterführung gewünscht.

9.6 Gefahren

Die *größte Gefahr* im Kontakt mit der Polizei besteht für Streetworker darin, *für die Klientel zu „verbrennen"* (und damit ihren Arbeitsauftrag nicht mehr wahrnehmen zu können). Nicht von ungefähr trat deshalb im Laufe des Projekts an die Stelle des verfänglichen Begriffs der „Zusammenarbeit" der des „Dialogs".

Dieses Problem kann auftreten[223], wenn Jugendliche den Eindruck haben, daß Straßensozialarbeiter mit der Polizei „kungeln" und sich als der „verlängerte Arm" der Polizei betätigen, wenn Kontakte zur Polizei für Jugendliche *nicht transparent* sind und Streetworker nicht deutlich gemacht haben, welches Verhalten sie tolerieren und bei welchem Verhalten für sie die Grenze erreicht ist, bei der sie die Polizei einschalten (müssen). Unweigerlich wäre das (über lange Zeit aufgebaute) Vertrauen zerstört und damit die vorangehende Arbeit zunichte gemacht. Auch ist in einem solchen Fall damit zu rechnen, daß sich die Wut des/r Jugendlichen gegen die Streetworker persönlich wendet. Die Gewalt des/r Klienten kann sich dann gegen den „Verräter" richten. Ein Streetworker mit dem Image des Polizeispitzels wäre unbrauchbar. Derselbe Kommunikationskreis, der ggf. die Diskreditierung der Polizei durch Weitergabe, Wiederholung, Verkürzung, Zuspitzung von „Erfahrungen" besorgt, schlösse den Straßensozialarbeiter ein. Dem Feindbild Polizei würde nun noch das Feindbild Streetworker (oder sogar allgemein „Sozialarbeiter") hinzugefügt.

---

[223] Dieses Problem trat im Gesamtprojekt zweimal auf. Die näheren Umstände können und sollen zum Schutz der Betroffenen nicht weiter dargestellt werden. Nach unserer Einschätzung hätte es allerdings in einem Fall in jedem anderen Streetworkprojekt, das die Maßgabe „Dialog mit der Polizei" nicht gehabt hätte, genauso auftreten können.

Nicht von ungefähr haben sich die Mitarbeiter der Projekte in einer längeren Anlaufphase mit dieser Gefahr befaßt, gibt es doch eine gewisse juristische Zwangslage. Streetworker unterliegen wie fast alle Sozialarbeiter zwar der Schweigepflicht, können aber für sich kein *Zeugnisverweigerungsrecht* in Anspruch nehmen[224] und können sich vor Gericht auch nicht auf letzteres berufen.[225] Andererseits haben sie es auch und gerade mit einer Klientel zu tun, die nicht selten kriminell gefährdet ist.

Bei verschiedenen Streetworkertagungen wurde von einzelnen Straßensozialarbeitern bekundet, in welchem Dilemma sie sich im Einzelfall befanden. So ist es vorgekommen, daß man zugunsten der Anbahnung eines Vertrauensverhältnisses zu Beginn einer Beziehung „weggehört" hat.[226] Dies sei nicht anders möglich gewesen, wurde argumentiert, da man andernfalls überhaupt nicht dazu gekommen wäre, mit den Jugendlichen zu arbeiten. Man hätte infolgedessen andernfalls auch späterhin nicht intervenieren und weder auf eine Veränderung von Verhaltensweisen noch eine Stabilisierung der Persönlichkeit und der Lebensverhältnisse hinarbeiten können. Kurz, die Arbeit sei geradezu nur unter der Voraussetzung des „Ertragens der Illegalität" über einen gewissen Zeitraum hin zu leisten.[227]

Aus Sicht unserer Projekte gibt es die Alternative der Transparenz von Anfang an. Hinzu kommt die interessante Erfahrung - vor al-

---

[224] Hier geht es in erster Linie um das Zeugnisverweigerungsrecht bei Straftatbeständen.

[225] In § 53 StPO ist die Berufsgruppe der Sozialarbeiter nicht explizit erwähnt.

[226] Dies betraf nicht unsere Projekte, wo diese Frage von Beginn an offensiv gehandhabt wurde.

[227] Die Frage des Zeugnisverweigerungsrechts stellt sich in der Sozialarbeit immer wieder, allerdings scheint sie im Bereich von Streetwork besonders brisant. Einschlägige Forderungen liegen nahe. Vgl. auch Keppeler 1989, S.27.

lem im Rahmen der Straßensozialarbeit und der Polizeiarbeit in Kleinstädten und im ländlichen Raum -, daß nicht wenige Jugendliche durchaus zugänglich für das Gespräch mit der Polizei selbst sind. Es ist sicher nicht nur Spekulation, daß hier ein unbewußter Autoritarismus im Spiel ist, der mit eigenen problematischen Vatererfahrungen bzw. Sehnsucht nach Klarheit, Führung und Unterordnung zu tun hat.[228]

9.7 Zusammenfassung

Der Dialog von Straßensozialarbeit und Polizei gehört zweifellos in die Sparte der Projekterfolge.

Es gelang, den Dialog zu etablieren, wechselseitige Vorurteile (soweit vorhanden) hintanzustellen oder zu überwinden.

Die Kommunikation zwischen den Berufsgruppen wurde positiv erlebt und stellt möglicherweise so etwas wie eine Bresche in den Beziehungen von Sozialarbeit und Polizei dar. Daß die wechselseitige Wertschätzung durchaus personabhängig war und die persönliche Überzeugungskraft eine wesentliche Rolle im Vorgang der Annäherung spielte, muß gesagt werden. (Es gab durchaus auch Negativbeispiele.)

Zu den methodisch bedeutsamen Ergebnissen des Dialogs von Polizei und Sozialarbeit ist der Modus des tendenziell einseitigen

---

[228] Ohne hier auf die Theorie der autoritären Persönlichkeit näher einzugehen, die nach wie vor im Zusammenhang mit der Entwicklung von Rechtsradikalismus und Gewalttendenzen herangezogen wird (vgl. VIRCHOW/WURR 1990) sei darauf verwiesen, daß die Diskussion theoretisch andauert (vgl. HOPF 1993) und besonders in Hinblick auf Entwicklungen im Osten der Republik wiederbelebt wurde (s. bspw. FRIEDRICH 1993; OESTERREICH 1993; MAAZ 1993). Die Mitteilungen von Polizisten und Straßensozialarbeitern im kleinstädtischen und ländlichen Raum im Rahmen unserer Projekte scheinen die ungebrochene Relevanz der Theorie zu belegen.

Informationsflusses (von Polizei in Richtung Streetwork) und die Respektierung der straßensozialarbeiterischen Schweigepflicht zu zählen.[229]

Die Betonung von präventiven Aufgaben nicht nur von Streetwork, sondern auch der Polizeiarbeit hat im einen oder anderen Fall zu einer Umstrukturierung der Arbeit geführt.

Gewaltpräventive und deeskalatorische Ansätze der Polizeiarbeit unterscheiden sich (der Siedlungs- und Gefahrenstruktur an den verschiedenen Orten folgend) in Aufwand und Ansatz. Die besondere Verantwortung und Aufgabenstellung bestimmter Beamter scheint sich zu bewähren. Überdies ist der Vorteil des „kurzen Drahts" und von Fachlichkeit im Dialog zwischen den Berufsgruppen gegeben.

Gemeinsame Fortbildungsveranstaltungen ggf. unter Beteiligung weiterer Berufsgruppen (Juristen, Sozialarbeiter, Lehrer) werden als wünschbar eingestuft.

---

[229] Auf die Grenzen wurde hingewiesen.

10. Träger[230]

Eine interessante Konstellation unserer Projekte bestand darin, daß drei verschiedene Träger mit unterschiedlichen Vorstellungen hinsichtlich inhaltlicher Ziele wie administrativer Führung und Kontrolle beteiligt waren. Natürlich gilt auch für die Trägerschaft, was für die Straßensozialarbeit selbst gilt: Es kommt auf die sie vertretenden Personen an, auf Engagement, Kompetenz, Glaubwürdigkeit und Durchhaltevermögen. In der Auswertung der Erfahrungen sehen wir uns vor die Aufgabe gestellt, Vorteile und Nachteile herauszuarbeiten und Vergleiche zu ziehen. Und manches Urteil fällt insofern überraschend aus, als es nicht in Übereinstimmung mit dem Subsidiaritätsprinzip steht, mit der Idee der Überantwortung von sozialen Aufgaben an private und Freie Träger, wo immer dies möglich ist.[231]

Allerdings lehnen wir es ausdrücklich ab, aus unseren speziellen Erfahrungen verallgemeinernde Schlußfolgerungen hinsichtlich bestimmter Träger zu ziehen. Dagegen spricht u.a., daß allenthalben konservative Verfestigungen entweder öffentlicher oder Freier Trägerstrukturen beklagt werden, und die fiktive Konkurrenz der jeweils anderen Seite bis zum Beweis des Gegenteils einen (zunächst ja empirisch unverdienten) Vertrauensvorsprung genießt.[232] Um es

---

[230] Die Loyalität der wiss. Begleitung in diesem Kapitel gilt der Idee einer gelingenden Straßensozialarbeit. Nur eine inhaltlich konkrete Kritik an Strukturproblemen, Mißgriffen und Fehlern kann u.E. zu einer besseren künftigen Praxis verhelfen.

[231] Immerhin stehen wir nicht allein da mit unseren Erfahrungen. Vgl. BECKER 1995, S.60f.

[232] So haben öffentliche Träger in Stadtstaaten im allgemeinen eher den Ruf der konservativen Verfestigung („Filz"), in mittleren und kleineren Städten wie auf dem Lande mögen dies z.B. kirchliche Träger, Arbeiterwohlfahrt, Deutsches Rotes Kreuz sein. Daneben sprießen Vereine (dem DPWV angegliedert oder nicht). Weder schützt aber die Form vor der Erstarrung noch eine bestimmte Trägerschaft vor der Innovationsbereitschaft einzelner.

vorwegzunehmen: Wir sind auch nicht der Ansicht, daß unsere Projekterfahrungen zu generellen Aussagen über die Wünschbarkeit der Trägerschaft etwa von Kommunen oder Freien Wohlfahrtsverbänden berechtigten.[233] Grundsätzlich ist zunächst auf die Berücksichtigung des KJHG (§74,4) zu drängen: *„Bei sonst gleich geeigneten Maßnahmen soll solchen der Vorzug gegeben werden, die stärker an den Interessen der Betroffenen orientiert sind und ihre Einflußnahme auf die Maßnahme gewährleisten."*[234]

Die Frage der Funktionstüchtigkeit eines Trägers für ein Streetworkprojekt entscheidet sich an einer Reihe von Faktoren. Es sind solche, die die Alltagsarbeit und die Lösung auftretender Probleme jeweils begünstigen oder behindern:

- Engagement in der Sache
- fachliche Erfahrungen und Ressourcen
- Sorgsamkeit bei der Personalauswahl
- infrastrukturelle Ressourcen und Routinen
- Kontrollmechanismen
- politische und administrative Unterstützung von außen
- Flexibilität
- Interessen

---

[233] Ähnliches hielten GUSY u.a. 1990, S.128 fest und betonten gleichzeitig die Vorteile behördlicher Anbindung, *„was Einflußmöglichkeiten in institutionellen und kommunalpolitischen Zusammenhängen angeht."*

[234] Becker 1995, S.59 betont: *„Es genügt also nicht,* irgendeinen *Träger zu finden, der (vielleicht aus Prestigegründen) das Projekt übernimmt, sich aber fachlich-inhaltlich nicht darum kümmert oder kümmern kann. Eine solche Ausgangssituation wird sich mit Sicherheit negativ auswirken, denn die fehlende inhaltliche Identifizierung führt dazu, bei Schwierigkeiten und in Konfliktsituationen nicht solidarisch und unterstützend zu dem Projekt zu stehen. Außerdem wird diese Distanz zu dem Projekt dazu führen, den MitarbeiterInnen Aufgaben zuzuschieben, für die der Träger verantwortlich zeichnen sollte."*

10.1 Engagement und Fachlichkeit

Ein Projektantrag belegt zunächst ein politisches Interesse an der Lösung eines öffentlichen Problems oder Notstands. Zumindest fußt er auf einer entsprechenden Erklärung. Die Anträge zu unseren Projekten wurden von politischen Gremien, von Städten, Kreisen, Kommunen gestellt und jeweils einem Träger zur Durchführung übergeben: in Rendsburg/Büdelsdorf/Westerrönfeld dem Kirchenkreis Rendsburg[235], in der Stadt Lübeck dem Internationalen Bund für Sozialarbeit, und im Kreis Herzogtum Lauenburg übernahm der Kreis selbst die Trägerschaft.

Da Straßensozialarbeit im regionalen Umfeld nicht auf Erfahrungen bauen konnte, konnte man auch nicht auf einschlägige Trägerroutinen und Ressourcen zurückgreifen. „Erfahrungen" hätten in diesem Fall zumindest bedeutet, daß ein Träger dort entweder Einrichtungen der offenen Jugendarbeit betrieben hat, welche sich u.a. mit randständigen, gewaltgefährdeten oder andersartig auffälligen Jugendlichen beschäftigen, oder über einschlägige personelle Erfahrungen in seinem Stab verfügt. (Letzteres war in einem Projekt insoweit gegeben, als der „Projektkoordinator"[236] Erfahrungen aus dem Bereich der offenen Jugendarbeit mitbrachte.)

---

[235] Dieser Träger hatte schon lange vor Projektbeginn ein Interesse an einem solchen Projekt (u.a. durch einen entsprechenden Antrag an die Stadt) bekundet.

[236] Wir verwenden diesen Begriff in Ermangelung eines besseren. „Vorgesetzter" trifft das tatsächliche Arbeitsverhältnis nicht ganz. "Koordinator" ist insofern auch angemessen, als hier z.B. die administrative und fachliche Vermittlung zwischen Streetworkern und verschiedenen Ämtern, bisweilen auch zwischen den Streetworkern und Kollegen sowie die Vertretung des Projekts in politischen Zusammenhängen geleistet wurde.

Die Trägerwahl folgte daher „Traditionen am Orte"[237] oder dem eigenen politisch-administrativen Interesse[238] sowie dem Mangel an Alternativen[239].

Ein Problem der Trägerwahl erblicken wir sowohl hinsichtlich des Engagements als auch der Fachlichkeit für den Fall, daß der Träger keine inhaltlichen Interessen deutlich macht (weil er dafür keine Leute hat oder abstellt)[240] und selbst administrativ schwer erreichbar ist oder aber selten unmittelbar auf Anliegen seiner Mitarbeiter reagiert. Beides führte zu Beginn in einem unserer Projekte zu erheblichen Verzögerungen im Aufbau einer angemessenen Infrastruktur.[241]

Im selben Projekt gab es jenseits des Trägers einen Beirat, dem gewisse fachliche Funktionen - im Zusammenhang mit Vernetzung und Entwicklung - oblagen. Theoretisch bestand hier die Chance,

---

[237] Dies scheint uns in Rendsburg/ Büdelsdorf/ Westerrönfeld der Fall gewesen zu sein.

[238] Wir beziehen uns hier auf Lübeck und Lauenburg.

[239] Dies trifft für Lauenburg zu.

[240] KRAFELD/MOLLER/MÜLLER (1996, S.323) konstatieren für einige Projekte: *„Entsprechende Maßnahmen fungieren nicht selten als Vorzeige-Projekte in vielerlei Hinsicht. Gegenüber den Medien und der Öffentlichkeit demonstriert der Träger seine Fähigkeit, heiße Eisen anzufassen, auf der Höhe der Zeit zu sein und weder Kosten noch Mühen zu scheuen, um auch zu schwierigem Klientel Kontakt anbahnen zu können. Gegen solche Image-Pflege ist solange nichts zu sagen, wie auch die inneren Verhältnisse der Projekte interessieren. Echtes inhaltliches Interesse geht allerdings nach Erfahrungen von Mitarbeiterinnen und Mitarbeitern bei weitem nicht durchgängig mit Image-Pflege einher."*

[241] Lübeck. Später mischte man sich nicht ein, ließ die Mitarbeiter großzügig gewähren und vernachlässigte bisweilen auch administrative Kontrollen. Noch später (nach zwei Jahren Projektarbeit) gab es fachliche Hinweise, einschließlich frisch erarbeiteter Ideen aus dem Bereich des Sozialmanagements für eine (in diesem neuen Arbeitsgebiet freilich nur in allerersten Ansätzen zu leistende und aufgrund eines Personalwechsels problematische) Evaluation. Immerhin wurden in diesem Rahmen gewisse Personalprobleme und Organisationsmängel deutlich.

neben materiellen auch fachliche Ressourcen für die Straßensozialarbeiter nutzbar zu machen.

Zu den *fachlichen Ressourcen* eines Trägers gehört nach unserer
Erfahrung *die Fähigkeit, „richtige" und ggf. auch bohrende Fragen
zu stellen.* Es ist keineswegs töricht oder unzulässig, wenn Informationen und Diskussionen über die Zusammensetzung der Klientel,
über Arbeitsmethoden, Arbeitszeiten, Zusammenarbeit mit Polizei,
Schule, Jugendamt, Jugendzentren und anderen Einrichtungen ebenso wie über Planung, Organisation und Finanzen gefordert werden.
Allerdings gedeiht eine solche Kommunikation nur bei *beid*seitigen
fachlichen Kompetenzen, also auch auf Trägerseite. Als Konsequenz
aus den Projekterfahrungen folgern wir, künftig das Vorhandensein
und die Zuständigkeit fachlich instruierter Personen beim Träger
vor Projektvergabe zu klären.

Ein anderer hier zu nennender Aspekt der fachlichen Information,
des fachlichen Austauschs und der Kontrolle sind *„Berichte".* Alle
unsere Streetworker kamen der allgemeinen Berichtspflicht in Form
von Jahresberichten und Zwischenberichten nach. Natürlich bilden
derartige Berichte *Legitimationen für das Engagement von Trägern,*
und zugleich legitimieren die Verfasser damit ihre Arbeit.

Wir haben das Berichtswesen jedoch mit gemischten Gefühlen ver-
folgt. Sicher kann eine mehr oder minder systematische veröffentlichte Reflexion der eigenen Arbeit eine Art Selbstkorrektur darstellen. Auch kann sie eine bequeme Gesprächsgrundlage im Dialog mit
allen interessierten Einrichtungen und Personen abgeben.

Auf der anderen Seite ist die Versuchung des „Schönens", des
Aufbauschens, der Betonung dessen, was Träger und politisch Interessierte hören wollen, groß. Die Schreibarbeit selbst ist im Einzelfall außerordentlich mühsam und zeitaufwendig, im Falle der

Arbeitsteilung gibt der Bericht nur bedingt die Sicht aller Betroffenen wieder. Auch die Qualität und Brauchbarkeit von Berichten hängt natürlich von persönlichen Ressourcen ab. *Ausformulierte Jahresberichte sind sicher unverzichtbar.* Der Klage über einen außerordentlich hohen Verwaltungsaufwand mag im einen oder anderen Fall eine persönliche Komponente anhaften (im Sinne einer „Formular- und Zettelphobie"), ein gangbarer Kompromiß sollten daher neben den Jahresberichten stichwortartige Arbeitsbelege, Organisations- und Planskizzen sein.[242]

In jedem Fall aber gilt, daß die *inhaltliche und formale Qualität von Berichten kein Zufall ist. Wiederholte abstrakte Formeln, die mehr Fragen aufwerfen als sie beantworten, indizieren in der Regel Probleme der Konzeption und/oder der praktischen Arbeit.* Wiederum hängt es wesentlich von den fachlichen Erfahrungen, den Kompetenzen und vom Informationsstand des Trägers ab, ob er imstande ist, Konsequenzen zu ziehen. Eine typische Trägerreaktion auf ein nicht materiell greifbares Unbehagen ist die Verschiebung der Auseinandersetzung vom Inhaltlichen aufs Formale, auf Fragen der Verwaltung und der Finanzen[243], da diese eben greifbar sind.

10.2 Personalauswahl

In unseren drei Projekten wurde innerhalb von drei Jahren genau die Hälfte des Personals ausgetauscht. In allen Fällen hatte das Ausscheiden von Mitarbeitern[244] sowohl mit fachlichen als auch per-

---

[242] Natürlich gibt es den Glücksfall eines genialen Berichterstatters, der diese Arbeit en passant erledigt. Die mit der Arbeitsteilung verbundene Gefahr der Einseitigkeit und des Aufbauschens bleibt.

[243] Manchmal aber - nämlich im Falle von Unregelmäßigkeiten - ist die Konzentration auf Verwaltung und Finanzen unerläßlich.

[244] Eine Mitarbeiterin, zwei Mitarbeiter, um genau zu sein.

sönlichen Überforderungen[245] zu tun. Auf den dünn besiedelten Arbeitsmarkt in diesem Bereich und mögliche Rekrutierungskriterien sind wir an anderer Stelle ausführlich eingegangen. Es ist also keine rückwirkende Schuldzuweisung[246], wenn wir vorschlagen, künftig bei ähnlichen Projekten so lange und so beharrlich auszuschreiben und zu suchen, bis man eine fachlich geeignete Arbeitskraft gefunden hat. Besser ein gutes später angefangenes Projekt als eines, dessen Besetzung von vornherein zweifelhaft erscheint.[247]

10.3 Trägerressourcen

„Soweit Projekte innerhalb bestehender Trägerstrukturen aufgebaut werden, sind grundlegende Infrastrukturen, Arbeitsgrundlagen und Arbeitsmittel von vornherein verfügbar." Weder diese für die Bremer Projekte getroffene Feststellung[248] noch die Idee eines Vorabvorteils für Freie Träger gilt für die drei schleswig-holsteinischen Projekte.[249] Wie bereits angesprochen, handelte es sich für alle Träger (zumindest im regionalen Umkreis) um ein neues Tätigkeitsfeld. Auf einschlägige Arbeitsroutinen konnte nicht zurückgegriffen werden. Und obwohl die finanzielle Ausstattung der Projekte

---

[245] Der Charakter der Überforderung war unterschiedlich, in jedem Falle aber gab es Wechselwirkungen.

[246] Diese würde auch die wiss. Begleitung treffen, die bei der Auswahl von Personal in zwei Projekten beteiligt war.

[247] In einem Fall der Wiederbesetzung einer Stelle zeigte sich kürzlich die offenkundige Unterordnung *fachlicher* Interessen unter *arbeitsrechtliche* Interessen durch den Träger, so daß es schwerfällt, überhaupt an ein primär inhaltliches Interesse des Trägers zu glauben.

[248] KRAFELD u.a. 1993, S.102.

[249] Die Untersuchung privater Trägerschaft müssen wir ausklammern, da keines der Projekte privat, etwa durch einen gemeinnützigen Verein, getragen wurde. Wir gehen aber davon aus, daß die hier dargestellten Probleme auch dort auftauchen können.

als ausgezeichnet beschrieben werden kann, erwiesen sich die von den Trägern mitgebrachten Ressourcen in vielen Fällen als knapp oder nicht ausreichend. Im einzelnen geht es um:

10.3.1 Zeitressourcen

Einer der Träger ließ seine Mitarbeiter über längere Zeiträume „im eigenen Saft schmoren", erwies sich als praktisch kaum ansprechbar und behinderte auf diese Weise die Projektentwicklung.[250] Erforderlich scheinen sowohl ein fachlicher Ansprechpartner beim Träger als auch ein fester Zeitraum für fachliche wie für administrative Rücksprachen und feste Termine für regelmäßige Treffen von Streetworkern und Trägern.[251] Wir deuten die Entwicklungen in den Projekten so, daß alle Träger früher oder später zu eben diesem Schluß kamen. Ob die jeweiligen Lösungen sachdienlich waren, sei dahingestellt.

10.3.2 Administrative und fachliche Zuständigkeit

Es handelt sich hier um verschiedene Erfordernisse: Administrative Fragen sind in der Straßensozialarbeit nicht selten „sofort" zu klären. Dafür bedarf es der Ansprechpartner, die auch Entscheidungsträger sind. Auf die Dauer unverträglich ist die Unklarheit administrativer und fachlicher Zuständigkeiten. So kam es vor, daß in einem der Projekte faktisch eine Verwaltungskraft (als einziger unmittelbarer Ansprechpartner) des öfteren über die Realisierung von Projektinhalten entschied. In einem anderen Projekt fragten sich die Mitarbeiter immer wieder, wer Ansprechpartner in fachlichen,

---

[250] Das Problem der knappen Zeitressourcen wird auch durch mehrfache Absagen von Terminen durch den Träger belegt. Es mag auch damit zusammenhängen, daß ein verantwortlicher Vertreter des Trägers nicht vor Ort präsent war/ ist.

[251] Dies war in Lauenburg von Anfang an gegeben.

wer in administrativen Belangen war.[252] Solche Fragen sind am besten gleich zu Beginn eines Projektes zu klären. Strukturierte regelmäßige Treffen[253] mit dem Träger in kleinem Kreis (drei, vier, fünf Personen mit klaren Rollen) sind/wären hilfreich.[254]

10.3.3 Handkasse, Dienstfahrten, Arbeitszeitregelung

Der oben zitierte Satz von der infrastrukturellen Überlegenheit bestehender Trägerstrukturen wurde aus gutem Grund zurückgewiesen. Es gab Bereiche, in denen alle Träger sich nur zu Beginn „schwertaten" und andere Bereiche, in denen die offenen Probleme andauern. Eine erfolgreiche (wenn auch mit Zeitverlust verbundene) Auseinandersetzung führten die Streetworker mit den Trägern zunächst in bezug auf

- die Einrichtung von Handkassen
- eine flexible Reisegenehmigungs- und -abrechnungsmethode
- eine flexible Arbeitszeitregelung.[255]

---

[252] Dies gilt bis zum Zeitpunkt der Abfassung dieses Berichts. Unseligerweise hat es hier auch noch ein Kontrollproblem gegeben. Der Terminus „Unregelmäßigkeiten" beschreibt das Problem wörtlich.

[253] z.B. monatlich.

[254] Die zeitliche Folge muß natürlich den Projekten überlassen bleiben. Die Erfahrung zeigt, daß z.b. wöchentliche Treffen organisatorisch nicht regelmäßig realisierbar und inhaltlich teils überflüssig sind (weil sich in der Kürze der Zeit nicht genug getan hat).

[255] Unterstützt wurden sie in diesen Belangen nachhaltig durch die wiss. Begleitung, was nach drei Jahren insofern kritisch gesehen werden kann, als bei zweien der drei Träger nach der Zulassung neuer Arbeitsmethoden (in denen Verrechnungsmodi eine Rolle spielten) Verwaltungsprobleme auftauchten. Die administrativen Kontrollen erwiesen sich als unzureichend. Dem Öffentlichen Träger unterlief dies nicht. Hierzu wurde (im Trägergespräch) geäußert, man habe sich in den fachlichen Dialogen immer wieder von der Vertrauenswürdigkeit „unserer Leute" überzeugen können und daher bei manchen Entscheidungen auch keine Bedenken haben müssen. Überdies könne man bestimmte Routinen der öffentlichen Verwaltung nicht außer Kraft setzen.

Über kurz oder lang fanden alle Träger *flexible* Lösungen. Nicht erspart bleibt uns jedoch der Hinweis auf die Notwendigkeit von administrativen Kontrollen.[256] Die baldige Entwicklung einschlägiger Routinen sowohl auf seiten der Straßensozialarbeiter als auch auf seiten der Verwaltung verhindert Überraschungen, Irritationen und Fehler.

Interessant erscheinen uns in diesem Zusammenhang die teils ähnlichen, teils unterschiedlichen organisatorischen Konsequenzen, die die beiden Freien Projektträger aus Unregelmäßigkeiten von Mitarbeitern zogen. Hier wie dort gab es keine sofortige Trennung, sondern eher „sanfte" Lösungen.[257] In der Folge veränderte der eine Träger Organisation und Kontrollmechanismen,[258] der andere stellte sich auf den Standpunkt, derartiges könne immer vorkommen und sei nicht zu verhindern.[259]

10.3.4 „Raumfrage"

Als *hochproblematisch* und *im Einzelfall bis heute ungelöst* erwies sich dagegen die Einrichtung von „jugendlichen Aneignungsräumen"[260] bzw. Anlaufstellen (auch von Büros) der Streetworker.

---

[256] Arbeitsbelege und finanzielle Belege in *irgendeiner* Form, regelmäßig (auf Plausibilität hin) kontrolliert, sind offenbar unerläßlich.

[257] In einem Fall fürchtete der juristische Berater arbeitsrechtliche Konsequenzen. Im anderen Fall ließ man sich von „Menschlichkeit" leiten.

[258] Der Kirchenkreis Rendsburg.

[259] Im konkreten Fall wurden Konsequenzen gezogen. Aber eine generelle Intensivierung von Kontrollen wurde mit Hinweis auf die organisatorische „Unmachbarkeit" einerseits und die grundsätzliche Durchschlagskraft "kriminogener Energien" andererseits zurückgewiesen. Der den Träger betreffende Fall wurde allerdings von *niemandem* als kriminelle Problematik gesehen, auch nicht vom Träger selbst.

[260] Dieses Schlagwort der akzeptierenden Jugendarbeit wurde von den Streetworkern gern verwendet. Insofern ist es auch legitim zu beleuchten, wie im Einzelfall die *Aneignung* vor sich ging.

Natürlich ging es hier auch und gerade um einen nicht unbeträchtlichen Mitteleinsatz. Und sicherlich ist es wahr, daß in manchen Regionen kaum geeignete Räumlichkeiten für die Arbeit mit - teils gewaltbereiten und rein äußerlich oftmals wenig vertrauenerweckenden - Jugendlichen zu finden sind. So hat es auch immer wieder erhebliche Reibungsverluste gegeben.

Die Entwicklung der Raumfrage verlief in den drei Projekten unterschiedlich:

In *Lübeck* gab es eine vorläufige Lösung durch die vorübergehende Anbindung an ein Jugendzentrum, das sich freilich nicht im anvisierten Stadtteil befand. In dieser Zeit erkundeten die Streetworker den Stadtteil und machten sich mit ihren potentiellen Adressaten (im Sinne einer „aufsuchenden Präsenz") bekannt. Nachdem dann (etwa zwei Monate nach Projektbeginn) geeignete Räumlichkeiten im Zielgebiet St. Lorenz Nord gefunden worden waren, verzögerte sich die Anmietung aufgrund langer Orga-nisationswege beim Träger[261] (um zwei Monate). Dann aber erwies sich die räumliche Lösung als ausgezeichnet, da sich die Räume fern bürgerlicher Beschwerdemacht und Geräuschempfindlichkeit befanden[262] und Jugendliche bei der Einrichtung „ihrer" Räume eingebunden waren. Daneben gab es - dem gemeinwesenorientierten Konzept des Projekts entsprechende - Versuche, den Jugendlichen weitere Aneignungsräume zu eröffnen. Hierzu sind nicht nur die berühmten vier Wände in Büro-, Freizeit- oder Wohnbauten zu rechnen, sondern auch Unterstände, Sportstätten usw. Die erfolgreiche

---

[261] Lübeck, Hamburg, Frankfurt waren beteiligt. Die Prüfung des Mietvertrags durch einen Juristen, Rückfragen beim Vermieter u.dgl. wurden später als Begründung genannt.

[262] Mit den Gerüchen eines benachbarten Schlachthofs wurden und werden alle tapfer fertig.

Umfunktionierung öffentlicher Plätze (für ein Streetballturnier z.B.)
ist zu erwähnen. Zwei andere Projekte verliefen unter dem Gesichts-
punkt vorweisbarer Ergebnisse weniger glücklich: Eine Schutzhütte - Treffpunkt von Jugendlichen im Stadtteil und von ihnen zerstört - wurde nach Absprache mit dem Grünflächenamt gemeinsam
von Jugendlichen und Streetworkern mit Projektgeldern wieder
instandgesetzt. Nachdem diese Arbeit als „nicht fachmännisch aus-
geführt" eingestuft worden war, wurde ein zweites Projekt auf einem anderen Bolzplatz vom Grünflächenamt nicht mehr genehmigt.
Seit Ende 1994 versuchen die Streetworker, einen weiteren „An-
eignungsraum" für Schüler an einer Schule zu schaffen, der allerdings während der Schulzeit auch von der Schule genutzt werden
soll. Dazu sind umfassende Renovierungsarbeiten erforderlich. Von
Anfang an gab es langwierige Gespräche und Verhandlungen um
die unterschiedlichsten Aspekte. Bis heute dauern die Diskussionen (mit Ämtern, Schule etc.) um die Renovierung und Nutzung
dieser Räume an. Hier wird deutlich, daß der Aufbau des avisierten
Netzwerks Geduld, Überzeugungskraft und eine hohe Frustrations-
grenze erfordert.

In *Rendsburg* brauchten die Streetworker acht Monate (!), ehe sie
(selbst) geeignete Räumlichkeiten gefunden, hergerichtet und bezogen hatten. Eine Hilfe vom Träger[263] oder von Stadt, Kreis, Gemeinden gab es hierbei im wesentlich nicht. Bedauerlicherweise
wurden die *„jugendlichen Aneignungsräume"* im Zentrum der Stadt
ohne nennenswerten Anteil von Jugendlichen eingerichtet, was einer der Gründe für ein gewisses Frequentierungsdefizit sein mag.
Dafür gab es freilich noch weitere Gründe, z.B. wagten sich „die
Rechten" nicht in die Nähe der „Antifa", die den Innenstadtbereich

---

[263] abgesehen von der Finanzierung.

„kontrolliert"; die Räume lagen den anderen beiden am Projekt be-teiligten Gemeinden fern[264]; und die betroffenen Jugendlichen sam-melten sich immer wieder an anderen Orten.

Allerdings gelang es den Streetworkern in der Folge durchaus, einzelne Jugendliche und zeitweise auch Cliquen an die für sie be-stimmten Räumlichkeiten zu ziehen. Die aufsuchende Arbeit rich-tete sich weniger auf bestimmte Räume als auf die örtlichen Wechsel-bewegungen der Cliquen.

Ein *Personalwechsel* machte einen *Neubeginn* des Projekts nach etwa der Hälfte der Zeit nötig. Die Anknüpfung von Beziehungen zu den Adressaten brauchte naturgemäß wiederum einige Zeit, ob-wohl der männliche Mitarbeiter des gemischtgeschlechtlichen Teams von seiner früheren Tätigkeit in einem Jugendzentrum Bekanntheit, Bekanntschaften und einschlägige Kenntnisse mitbrachte. Die auf-suchenden Anteile der Arbeit überwogen teils die Arbeit in den Räumen im Zentrum der Stadt, die nun zu einem „Jugendcafé" und einem „Internetcafé" (plus Büro) - bei wechselnder Frequentie-rung[265] - umfunktioniert wurden. Ein Hüttenbau an strategisch in-teressanter Stelle erwies sich als (technisch, pädagogisch und admi-nistrativ) umwegiger und langwieriger Prozeß, über dessen Bewer-tung sich Träger und Streetworker uneinig sind.[266]

In Lauenburg verlief die Raumsuche alles in allem nach dem Prin-zip von Versuch und Irrtum, wobei der Träger und die Kommunen

---

[264] Die Beteiligung in Form einer Mitfinanzierung ist hier gemeint. Büdelsdorf und Westerrönfeld waren seinerzeit wegen einer gewaltbereiten rechten Jugendszene an dem Projekt interessiert.

[265] Es gab Zeiten der Flaute wie solche eines regeren Zuspruchs.

[266] Wie nicht selten zwischen Pädagogik und Politik/ Administration wird darüber ge-stritten, ob „der Weg das Ziel" sei oder ob es auf „sichtbare Ergebnisse" ankomme.

sich durchaus um Bereitstellung von Räumen bemühten, allerdings doch manchen Mißgriff taten. So erwies sich eine zu Beginn in Mölln durch den Streetworker bezogene Schlichtwohnung, die als Büro dienen sollte, als mehr oder minder „unnahbares Stigmaterrain". Die ihm zugewiesene Wirkungsstätte machte ihn sozusagen zum „Unberührbaren", (nicht aufsuchende) Kontakte mit der Klientel wurden dadurch geradezu verhindert. Nachdem ein zweiter Streetworker zum Projekt gestoßen war, wurde eine örtliche Arbeitsteilung - Mölln und Geesthacht - vorgenommen. In Mölln konnten erst im Frühjahr 1995 geeignete Räumlichkeiten gefunden werden - allerdings auch nur vorübergehend, weil das Objekt im Sommer 1996 einer Appartmentanlage weichen mußte. Das Einfamilienhaus mit angebauter Praxis, Garten, Garage, einem als Werkstatt nutzbaren Schuppen lag zentral und bot für vielerlei Aktivitäten Raum: Musikübungsraum, Reparaturwerkstatt, Fußballspielen, Behelfsküche, Notunterkunft, Büro usw. Nach dem Abriß des Hauses wurden die jetzigen Räumlichkeiten bezogen. Sie sind zwar auch zentral gelegen, aber im Verhältnis sehr klein und bieten (aufgrund möglicher Lärmbelästigung der Nachbarn) weniger Entfaltungsmöglichkeiten.

Die Unterbringung der Anlaufstelle des Straßensozialarbeiters in Geesthacht Tür an Tür mit einer Drogenberatungsstelle bei gemeinsamer Toilettennutzung (!) bildet das Folgekapitel zum Thema „Stigmaterrain". Zu Beginn seiner Tätigkeit in Geesthacht hatte der Streetworker "Aneignungsräume" auf der „Werft" favorisiert. Doch hiergegen erhob die Stadtverwaltung Einwände. Deshalb bezog er zuerst allein - vom Sozialamt bereitgestellte - Räumlichkeiten. Von Anfang an war projektiert, daß für das Streetwork-projekt nur ein Teil der Immobilie (sprich: zwei Räume) zur Verfügung stehen sollten, in der anderen Hälfte sollte ein „Drogencafé" untergebracht werden. Lärmbelästigungen von Mietern in der darübergelegenen Wohnung konnten und können nicht ausgeschlossen werden. Manche Nutzungsmöglichkeit (z.b. als Kraftsportraum) wird dadurch (zwar nicht ausgeschlossen, aber doch) eingeschränkt.

Nach einer kurzen Phase, in der Streetworker und Jugendliche das Erdgeschoß für sich allein hatten, folgte eine längere Umbauphase, während der dem Streetworker keinerlei Räume zur Verfügung standen. Z.Zt. befinden sich seine Räume Tür an Tür mit dem Drogencafé. Erstaunlicherweise ist es dem Mitarbeiter bisher gleichwohl gelungen, daß das zusammen mit Jugendlichen hergerichtete „Büro" (mit Kraft- und Versammlungsraum) von den Jugendlichen angenommen wird und es keine nennenswerten Auseinandersetzungen zwischen seiner Klientel und der des Drogencafés gibt. Allerdings dienen die beiden Räume vorwiegend als Stützpunkt, und ein Großteil der Aktivitäten entfällt auf die aufsuchende Arbeit und hausexterne Unternehmungen. Das Werftgelände, das mittlerweile auch für Disco-Veranstaltungen genutzt wird, steht seiner Klientel jetzt ebenfalls ansatzweise zur Verfügung: Es wurde ein Bauwagen als Anlaufpunkt aufgestellt. Politischer Rückenwind für das Projekt schürt die Zuversicht für eine künftige Lösung der Raumprobleme.

10.4 Politische und administrative Unterstützung „von außen"

Zu den infrastrukturellen Ressourcen eines Streetwork-Projekts zählen nicht nur die vom Personal und vom Träger mitgebrachten Mittel, sondern auch die Hilfen von politischen Gremien, Beiräten, Funktionsträgern, Polizei, Ämtern, Schulen usw. Das Verhältnis des Trägers *zu* diesen Einrichtungen und Personen und ggf. seine Vertretung *in* bestimmten Einrichtungen trägt zum Gelingen oder Mißlingen, zur Reibungslosigkeit oder zu Reibungsverlusten mancher Vorhaben bei,[267] ebenso wie Auftreten und Ruf der Streetworker selbst.

Die Erfahrungen in den Projekten laufen darauf hinaus, daß die persönlichen Kontakte der Streetworker etwa mit Polizisten, Staatsanwälten, Richtern, Lehrern, Jugendamtsmitarbeitern und Verwaltungsangestellten für die Netzwerkentwicklung und die Unterstützung von konkreten Unternehmungen alles in allem wirksamer sind als die Beteiligung von Trägern und Streetworkern an Sitzungen von größeren Gremien.[268] Der Rückblick zeigt ein weiteres Problem derartiger Gremien: Der Legitimationsdruck von Streetworkern und Trägern führt dazu, daß entweder erstere ihre Vorhaben und Erfolge aufbauschen (bis hin zum Fingieren) oder beide gewisse unliebsame Informationen vor den anderen Mitgliedern des Gremiums verbergen.[269]

---

[267] Wiederholtes Fehlen eines erwarteten Trägervertreters bei Sitzungen etwa ist nicht nützlich.

[268] Von seiten des Jugendamts Lübeck wurde wiederholt die Idee eines 14-tägig tagenden Beirats vertreten. Das Gremium wurde tatsächlich gebildet. Wissenschaftliche Begleitung wie die betroffenen Straßensozialarbeiter rieten dringend von der vorgeschlagenen Sitzungshäufigkeit ab, zumal dieses Gremium in der Regel mit mehr als sieben (bis etwa 14) Leuten besetzt sein sollte, die Unmöglichkeit einer entsprechenden zeitlichen Koordination also absehbar war. Überdies erschien eine so häufige Absenz der Streetworker von ihrer eigentlichen Arbeit zum Zwecke der Berichterstattung und des Austausches mit Leuten, deren Verbindung zum Projekt teils nur marginal ist, nicht vertretbar. Faktisch tagte das Gremium dann etwa zweimal jährlich. Und so manche Hoffnung, die das Jugendamt in den Beirat setzte, wurde durch hartnäckiges Fernbleiben etwa von Ämtervertretern enttäuscht.

[269] Der erste Teilsatz bezieht sich vorwiegend auf Vorgänge, die der „bewältigten Vergangenheit" des Rendsburger Projekts angehören. Tauchen im übrigen gravierende Probleme mit Außenwirkung auf, gibt es immer auch Mitwisser. Daher ist es ratsam, sich zu aufgetauchten Problemen zu bekennen. Dies wurde im Lübecker Fall vermieden, wo dem Beirat ein notgedrungener Personalwechsel absichtlich verschwiegen wurde, obwohl mehrere Mitglieder des Gremiums davon wußten. Die anderen wurden wissentlich fehlinformiert!

10.5 Trägerinteressen

Die Interessen von Trägern sind notwendig mannigfaltig. Wir glauben bei unseren Projekten folgende Interessen, von Träger zu Träger in unterschiedlicher Gewichtung, ausgemacht zu haben:

- fachliches Engagement
- politische und administrative Präsenz
- fachliche und personelle Präsenz in einem innovativen Arbeitsfeld
- Verfügung über öffentliche Gelder (Erhöhung des Etats, Sicherung von Kosten)
- Zuwachs an Personal, Verantwortung und Kontrollaufgaben
- Zuwachs an Einfluß
- Reibungslosigkeit
- positives Außenbild.

Die Gemengelage von Trägerinteressen ist erwartbar und legitim. So ist vom Gelingen bzw. der positiven Presse eines Projekts ggf. die Genehmigung weiterer Projekte und öffentlicher Gelder abhängig. Die Präsenz des Trägers in einem Arbeitsfeld präjudiziert unter Umständen die künftige Mittelvergabe in diesem Arbeitsfeld. Die „sicheren" öffentlichen Gelder können zur Deckung von Verwaltungskosten und etwa auch (über Fortbildung und Supervision) zur Verbesserung der personellen Infrastruktur und zur Kosteneinsparung beitragen, indem etwa Projektanschaffungen dem Träger nützen (wie Computer, Telefonanlagen, Faxgeräte, Möbel usw.) Immer auch mehren erfolgreiche Projekte das Prestige des Trägers und der ihn vertretenden Personen. Im Grenzfall mögen Karrieren beeinflußt werden. Ähnliches gilt freilich auch für die politisch-administrativ verantwortlichen Antragsteller bzw. Projektvergeber.

Problematisch ist in jedem Fall die Unterordnung des fachlichen Engagements und der Wahrheit unter das Interesse an einem reibungs-

losen Projektverlauf und einem positiven Außenbild.[270] Und wenngleich es grundlegende Auffassungsunterschiede über den professionellen Umgang von Trägern sozialer Einrichtungen mit Perso-
nal- und Kontrollproblemen geben mag[271], so lehrt doch die Erfahrung, daß „Probleme nachträglich zugeben" in der Regel schlechter
ist[272] als „Probleme bekennen".

10.6. Zusammenfassung

Das Problem mangelnder Routinen in innovativen Arbeitsfeldern
betrifft auch und gerade die Träger. Für den Erfolg von Straßensozialarbeit haben sich von besonderer Bedeutung erwiesen:

- das Vorhandensein fachlich kompetenter Ansprechpartner
  mit ausreichenden Zeitressourcen
- eine Berichts- und Beratungsroutine
- die Bereitschaft zu unbürokratischen Regelungen einerseits
- die Beibehaltung grundlegender Kontrollmechanismen
  andererseits
- ein offensiver Umgang mit Personalproblemen unter
  vorrangiger Beachtung von Klienteninteressen.

Wenngleich nur einer von drei Trägern diesem Profil entsprach, so
hat es im Projektverlauf bei den anderen beiden (wie bei allen
Projektbeteiligten) doch auch Korrekturen und Lernprozesse gegeben, die die Reibungsverluste reduzierten.

---

[270] Letzteres bestimmte offenkundig mehrfach das Verhalten des Lübecker Trägers.
Die Maxime scheint im Grenzfall zu lauten: Das Problem darf nicht ruchbar werden.

[271] „Sozial" begründet auch und gerade eine Fürsorgepflicht gegenüber den eigenen Leuten, wird etwa argumentiert, was nach unserer Auffassung dann zu akzeptieren ist, wenn keine Klienten zu Schaden kommen.

[272] oder auch „unprofessionell". Nachgewiesene bzw. im Nachherein aufgedeckte Irrtü-
mer/ Probleme wiegen in der Regel schwerer als freimütig bekannte, besonders wenn sie
in der Folge gelöst oder abgestellt wurden. Die Glaubwürdigkeit steht auf dem Spiel.

11. Fortbildung[273]

Straßensozialarbeit ist (wie oben dargestellt) in der Praxis und in den Ausbildungsstätten so neu, daß sie heute *noch keineswegs als theoretisch und methodisch etablierte Profession innerhalb der Jugendarbeit* angesehen werden kann. Neue gesellschaftliche Problemlagen (wie Rechtsextremismus und Gewalt, Zerfall von Familien und Nachbarschaften, Rationalisierung und strukturelle Arbeitslosigkeit) ziehen über kurz oder lang politische Aufmerksamkeit, sozialwissenschaftliche Analysen und methodische Ansätze nach sich, die in einem allmählichen Prozeß Zugang zu denjenigen finden, die sich der Probleme annehmen sollen. Hierbei entstehen oftmals zeitliche Lücken, die (kurz gesagt) mit den verschiedenen Wirklichkeiten von „Opfern" und „Beschreibern" (Analytikern, Bearbeitern) zusammenhängen. Bisweilen entstehen derartige zeitliche (Reibungsverluste bewirkende) Verzögerungen dadurch, daß qua Wissenschaft, Politik und Gesetz Lösungen initiiert werden, ohne daß deren Umsetzer hinreichend vorbereitet sind. Hier bedarf es eines allmählichen Aneignungsprozesses etwa durch Juristen und Sozialarbeiter. (Ein Beispiel ist das „neue" Kinder- und Jugendhilfegesetz. Noch heute gibt es Ämter, die erhebliche Schwierigkeiten mit der Umsetzung haben. Und nicht immer ist klar, ob das Gesetz auch praktisch „machbar" ist. Noch immer wissen manche Sozialarbeiter nicht recht, was mit „Erziehungskonferenz" gemeint ist. Andere Beispiele gibt das Asylrecht, dessen Hin und Her einem Jo-Jo-Spiel gleicht und die Praktiker immer wieder vor erhebliche Umsetzungsprobleme stellt.)

---

[273] Teile dieses Abschnittes konnten aus dem zweiten Zwischenbericht der wiss. Begleitung übernommen werden. Unsere seinerzeitige Einschätzung ist lediglich ergänzt worden.

Es ist also keine (An-) Klage, wenn wir (wie schon eingangs) darauf hinweisen, daß es innerhalb unserer Projekte *keinen* einzigen ausgebildeten *Sozialarbeiter/Sozialpädagogen mit einer Streetworkerqualifikation* gegeben hat. Gegenwärtig gibt es überhaupt *keinen* einzigen ausgebildeten *Sozialpädagogen* in den Projekten. (Im Gegenteil sind die Sozialpädagogen, die in den Projekten beschäftigt waren, und die wiederum keine Streetworkerqualifikation mitbrachten, ausgeschieden.) Die Ausbildungen changieren um *schul- und sozialpädagogische Qualifikationen verschiedener* (nicht selten vorakademischer) *Ebenen*. Hervorzuheben sind vorhandene *einschlägige berufliche Vorerfahrungen* - etwa in der *Straßensozialarbeit oder in der offenen Jugendarbeit*. Diese sind fraglos *hilfreich*, nicht nur für die Betroffenen selbst, sondern bisweilen auch für die Kollegen. Ein *erheblicher Qualifikationsbedarf* bleibt aber in jedem Fall.[274]

Nach allem sind wir geneigt, sowohl auf inhaltliche Notwendigkeiten als auch auf Fragen der professionellen Einstellung und auf Gefahren einzugehen, die das „Fortbildungsgewerbe" hervorbringt.[275]

Inhaltlich zu unterscheiden sind

• Bedarf an grundsätzlichen Kenntnissen über Arbeitsfeld und Adressaten von Streetwork,

---

[274] Die Notwendigkeit von Fortbildung und regelmäßiger Reflexion der sozialarbeiterischen Praxis wird auch in der Literatur betont, so etwa bei Gusy (1990, S, 124) oder Schaffranak (1996, S. 64). Schaffranak fordert für diesen Bereich auch stärkere Verbindlichkeiten: „*Die Reflexion der Arbeitsinhalte und des Tätigkeitsfeldes gehört zu den unverzichtbaren Qualitätskriterien. Reflexionsmöglichkeiten müssen vom Team eingefordert und wahrgenommen werden. Sie sind vom Auftraggeber sicherzustellen. Zur Reflexion gehören: - Teambesprechungen, - Fallbesprechungen, - Supervision, - Fortbildung, - informelle Gespräche. Sie sollten der Qualität und Quantität des Arbeitsfeldes angepaßt sein. Auch hier gilt, daß es - verbindlich, - transparent, - kontrollierbar, - sanktionierbar festgelegt wird.*"

[275] Das Thema „Supervision" wird an dieser Stelle nur gestreift, obwohl es eine wesentliche Rolle im Prozeß der Professionalisierung spielt. (Vgl. „Supervision".)

- Bedarf an methodischen Kenntnissen/Fertigkeiten im Arbeitsfeld,
- Bedarf an sich kurzfristig aus einem Wandel des Arbeitsfeldes ergebenden Kenntnissen/Fertigkeiten.

Ersterem sind Themen wie Rechtsextremismus, Aggression und Gewalt, Männergewalt - Frauengewalt, Gewalt in der Schule, Ausländerfeindlichkeit, Rassismus, Sucht zuzuordnen. Das Angebot zu solchen Themen ist reichlich.

Methodische Kenntnisse/Fertigkeiten können sowohl über den Austausch der Streetworker, teils über externe Angebote vermittelt werden. Hier geht es etwa um erlebnispädagogische Projekte, um Projekte und Kooperationen mit sozialpädagogisch involvierten Einrichtungen (Schule/Jugendgerichtshilfe/Jugendzentren z.B.).

Dem Wandel des Arbeitsfeldes tragen etwa Fortbildungsveranstaltungen über Drogen in der Jugendarbeit Rechnung, insofern sich die ehemals rechte Szene zunehmend als drogenanfällig erwiesen hat.

Insgesamt hat es an Fortbildungen in unseren Projekten nicht gemangelt. Im Laufe der Zeit stellten wir allerdings fest, daß bestimmte Mitarbeiter von fast jeder Veranstaltung profitierten, weil sie stets an der Auseinandersetzung interessiert waren, einen aktiven Part spielten und die Aufnahme von neuen Wissenselementen und Erfahrungen nicht scheuten. Aber wir stellten desgleichen fest, daß manche Mitarbeiter den Angeboten meist ablehnend oder indifferent gegenüberstanden. *Neugier und Offenheit gepaart mit der Idee, man könne von anderen (Leuten anderer und gleicher Profession) etwas lernen* und evtl. selber etwas vermitteln, kennzeichnet unserer Überzeugung nach ein *professionelles Selbstverständnis.*[276]

---

[276] Gehäufte negative Rückmeldungen über Fortbildungsveranstaltungen gingen gelegentlich mit Überforderungsanzeichen und Überforderungsphasen einher.

Ein rein technisches Problem sei immerhin erwähnt. Fortbildungsveranstaltungen sind nicht gänzlich unabhängig von den Arbeitsplänen und -abläufen zu organisieren. Arbeiten Street-worker im Team, bietet es sich an, daß nur einer teilnimmt, sofern die Anwesenheit am Arbeitsort notwendig ist. Hieraus ergibt sich eine Berichtspflicht, die als Vermittlungsaufgabe verstanden werden sollte.[277]

Wir haben gelegentlich beobachtet, daß die Neigung der *Abwertung von Fortbildungsveranstaltungen einherging mit grundsätzlichen Meidungstendenzen* (Überstundenausgleichstag! Urlaub, Krankheit). Die Betroffenen ließen sich etwa auch von den anderen nichts berichten, lasen keine Papiere, zeigten kein einschlägiges Interesse. Das professionelle Universum erschöpft sich in einem solchen Fall im Saft der schon immer gegebenen eigenen Erkenntnis (dem Motto, unbewußt, gehorchend: „Mir reicht, was ich weiß. Ich weiß sowieso mehr als ihr.") Es geht typischerweise Hand in Hand mit der Neigung zur Entwertung der Beiträge der Kollegen.

Eine Konsequenz dieser Haltung sind unterschiedliche fachliche Voraussetzungen der Mitarbeiter. Die Diskussionen können nicht auf einem Minimum an gemeinsamem Wissensfundus und an gemeinsam erarbeiteten Einstellungen aufbauen. In der Tat erschwert dies die Verständigung und die Fortsetzung des Dialogs. Die Selbstvergewisserung, auch dieses Treffen habe „ja wieder nichts gebracht", dient als perpetuum mobile der Entprofessionalisierung.

---

[277] Dies ist zu diesem Zeitpunkt eine ziemlich platonische Forderung. Daß die Teams dreier Orte sich verständigen, scheint schwierig. Projektintern aber ist es sehr wohl möglich.

Nun ist es der Gerechtigkeit halber erforderlich, die unterschiedliche Qualität von Fortbildungsveranstaltungen im Bereich von Straßensozialarbeit einzugestehen. Es gibt fraglos auch schlechte Erfahrungen. Andererseits ist aber darauf zu verweisen, daß autonomes professionelles Handeln sich besonders in den eigenen Beiträgen erweist!

Zuguterletzt sei auf die informelle Seite der Fortbildungsveranstaltungen und der Treffen von Streetworkern hingewiesen. Es ist mittlerweile eine Binsenweisheit, daß sich die wesentlichen Gespräche und Erkenntnisse oft in kleinem Kreis unter der Voraussetzung weniger öffentlicher, weniger formaler Kommunikation ergeben. Dafür gibt es gute Gründe, die ja keineswegs nur für Beziehungsarbeiter gelten, Geschäftsleute aus aller Welt bedienen sich heute einschlägiger Techniken. Natürlich wird die Verständigung, die nie stattgefunden hat, auch in privaterer Atmosphäre (etwa bei einem „Arbeitsessen", vielleicht sogar mit Musik) nicht unbedingt stattfinden. Gleichviel ergeben sich hier erfahrungsgemäß erstmals Anknüpfungspunkte und fruchtbare Diskussionsgegenstände.

Der hier sich einstellende Dialog hat u.U. mehr mit Professionalität zu tun, als auf den ersten Blick erkennbar ist. Wir konnten jedenfalls immer wieder beobachten, daß konkrete Nachfragen und Hinweise die Lösung von Arbeitsproblemen betrafen. So ergibt sich die Frage, ob die Meidung solcher Situationen in der Projektarbeit nicht ein Problem mangelnder Professionalität ist.

Im Wissen um die Neuartigkeit von Streetwork, um die unterschiedlichen Qualitäten von Fortbildungsangeboten und die verschiedenen Haltungen von Straßensozialarbeitern zur Fortbildung scheint es uns geboten, erstens eine *sorgfältige Auswahl der Angebote* zu treffen (wobei Erfahrung und Renommee der Anbieter zu berücksichtigen sind), zweitens die *Zahl der Angebote zu beschränken* (zweimal jährlich), drittens die *Berichtspflicht gegenüber dem/den Kollegen* (im Sinne einer Stichwortausarbeitung, einer mehr oder minder knappen mündlichen Darstellung und Diskussion) ernst zu nehmen. Darüber hinaus meinen wir, daß die Bereitschaft zur Teilnahme an Fortbildungen (ebenso wie zur Supervision) auch bei der Einstellung von Straßensozialarbeitern eine Rolle spielen muß.

12. Wissenschaftliche Begleitung und Supervision[278]

Da es im Verlauf der Projekte zur Einrichtung einer Supervision kam, diese einen Teil derjenigen Aufgaben übernahm und vertiefte, die zuvor der wiss. Begleitung oblagen, da es überdies Irrungen und Wirrungen gegeben hat, die teils zu einem Neuanfang und zum Personalaustausch führten, scheint es uns sinnvoll, hier eine „historische Aufarbeitung in praktischer Absicht" zu versuchen. Das heißt, die Dynamik der Verläufe soll deutlich werden, und es sollen Lehren gezogen werden.

12.1 Aufgaben und Modus der wissenschaftlichen Begleitung

Aufgabe der wissenschaftlichen Begleitung in den Projekten war neben der Mitwirkung bei der Personalauswahl, der Erarbeitung einer Gesamtkonzeption sowie der Mithilfe bei der Erstellung von Einzelkonzeptionen eine regelmäßige (fachliche wie organisatorische) Beratung und die Moderation des Erfahrungsaustauschs zwischen den drei Streetworkerteams. Zudem oblag ihr die Dokumentation der Arbeit in Form eines jährlichen Zwischenberichts und eines Gutachtens sowie jeweils eine öffentliche Veranstaltung im Jahr, die der Information der Fachöffentlichkeit und dem fachlichen Austausch dienen sollte.[279] Im einzelnen ging es um

- die Vergewisserung, sich im Rahmen der Projektziele
  zu bewegen,

---

[278] Supervision wird nur angerissen, da das Thema an anderer Stelle ausführlicher behandelt wird. (Siehe Anhang.)

[279] Eine andere (vertraglich nicht erwähnte) Aufgabe der wiss. Begleitung, nämlich die Befassung mit den juristischen Voraussetzungen, Strategien und Problemen im Bereich von Rechtsextremismus und fremdenfeindlichen Straftaten bei Justiz, Wissenschaft, Verfassungsschutz sowie verschiedenen Polizeien sei hier lediglich erwähnt. (Näheres im Abschnitt „Dialog mit der Polizei".)

- namentlich in Hinblick auf die Klientenbestimmung,
- inhaltliche und methodische Fragen der aufsuchenden
  Arbeit und der eigenen pädagogischen Angebote,
- die Diskussion organisatorischer Probleme und Strategien,
- die Darstellung und Reflexion von Fällen und
- die Erörterung von Problemsituationen sowie
- die Planung organisatorischer und pädagogischer Vorhaben.[280]

Wegen des innovativen Charakters der Projekte und eines notgedrungenen Erfahrungsmangels teils bei Trägern, teils bei verschiedenen Diensten und Einrichtungen, auf deren Kooperation man angewiesen war (z.B. Polizei, Schulen, Ämter), teils bei den Projektmitarbeitern selbst[281] ging es in der *Anlaufphase* um fachliche und personale „Rückenstärkung".

Der (zuvor festgelegte) Beratungsmodus - einem Gesamttreffen zwischen den drei Teams und der wiss. Begleitung gingen jeweils Einzeltreffen mit den Teams voraus[282] - begünstigte eine angstfreie Arbeitsatmosphäre. Man war "unter sich" und konnte vergleichweise entspannt im kleinen Kreis reflektieren und diskutieren, bevor man im größeren Kreis entweder die eigenen Entscheidungen zur Diskussion stellte oder erst dort zu Entscheidungen gelangte.

12.2 Erfahrungen in der Anlaufphase

Dieses Verfahren bewährte sich bei der Klärung folgender Fragen, die die Anlaufphase der Projekte bestimmten:

---

[280] Krafeld (1996, S. 133ff) trennt in *„alltagsbegleitende Praxisberatung"* und *„problemorientierte Praxisberatung"*. Wir haben zweifellos beides gemacht (und teils später an die Supervision delegiert).

[281] Nur einer brachte einschlägige Erfahrungen als Streetworker mit. Zur Qualifikation vgl. oben „Rekrutierung".

[282] Wo immer möglich, geschah dies im regelmäßigen Turnus vor Ort.

- Welche infrastrukturellen Voraussetzungen brauchte man?
- Wie sollte man etwa die Forderungen bezüglich der Räumlichkeiten, der Reisemöglichkeiten, der Handkasse vertreten und durchsetzen?
- Wie sollte man mit den Kommunikationserwartungen von Polizei, Presse, sozialen Diensten, Schulen usw. umgehen?
- Welcher organisatorische Aufwand gehörte in den fachlichen Rahmen der Arbeit und diente sozial-pädagogischen Interessen, was war überflüssiger administrativer Aufwand? Wo fing die Verzettelung an, und wie konnte man sie vermeiden?
- Wie sollte man den anderen Mitarbeitern des Trägers und der anderen Dienste und Einrichtungen begegnen? Wie sollte man mit der Neugierde, mit teils enormen Erwartungen oder auch mit dem Mißtrauen - Haltungen, die den Streetworkern als einer exotischen Berufsspezies entgegenschlugen - umgehen?

In den materiellen Fragen kam es zu vorübergehenden Auseinandersetzungen mit den Trägern. Die Einigkeit der drei Streetworkerteams und der wiss. Begleitung hat nicht nur zu einer sachlichen Klärung,[283] sondern auch zu einer (zunächst) vertrauensvollen Beziehung beigetragen.

12.3 Spätere Erfahrungen - Wirrungen und Probleme

Nun geht die fachliche und organisatorische Reflexion der eigenen Praxis in der Straßensozialarbeit (womöglich mehr noch als in anderen Bereichen der sozialen Arbeit) notgedrungen einher mit der Reflexion der eigenen Ressourcen und Grenzen. Die teils „rauhe Wirklichkeit" in Form von individuellen und kollektiven Problem-

---

[283] Vgl. auch den Abschnitt „Träger".

lagen gewaltbereiter Jugendlicher fordert (zumindest jeweils vorübergehend) die „ganze Person",[284] sei es als Individuum, sei es als Gruppe. Dies zeigte sich alsbald in manchem Projekt mehr, in manchem weniger. Der Themenschwerpunkt bei den Treffen von wiss. Begleitung und Streetworkern verlagerte sich allmählich von organisatorischen und planerischen Fragen auf pädagogische, psychologische, methodisch-fachliche und auch moralische. Gemeinsam postulierten einige (nicht alle!) Streetworker und wiss. Begleitung die Notwendigkeit der Aufnahme einer Supervision.[285]

In dieser „Mittelphase" geschah allerdings mehr. Bei den Gesamttreffen mit den Teams und bei öffentlichen Auftritten (Fachtagungen und Fortbildungsveranstaltungen) kam es zu Angriffen einzelner Projektmitarbeiter auf andere.[286] Dies belastete die Arbeit der wiss. Begleitung und im weiteren Verlauf auch die Gesamttreffen. Die moderierende Rolle der wiss. Begleitung war kaum durchzuhalten. Als in dieser Phase eine Supervision für zwei der Teams eingerichtet wurde, hielt sich das dritte „bedeckt". Einen Supervisionsbedarf schien es nicht zu geben. Im Nachherein läßt sich sagen:

Es gab eine fachliche Differenzierung der Projektmitarbeiter - in diejenigen, die sich intensiv mit gewaltbereiten Jugendlichen einließen und einen Großteil ihrer Arbeitskraft in diese Arbeit investierten, und diejenigen, die dies aus ganz unterschiedlichen Beweggrün-

---

[284] Vgl. auch BECKER 1995a, S. 283ff.

[285] Grundsätzlich ins Auge gefaßt wurde sie von Anfang an. Aber jetzt war der Zeitpunkt „da".

[286] Z.B. wurde die Darstellung der Arbeit mit besonders schwierigen und gefährdeten Jugendlichen eines Streetworkers vom Mitarbeiter eines anderen Teams zornig zurückgewiesen. Dem Betroffenen schien es Schmerzen zu bereiten, dem anderen zuzuhören. Gelegentlich kam es zum Eklat.

den nur halbherzig oder gar nicht taten und die Entwicklung als bedrohlich erlebten. Die Vermeidung oder Boykottierung von Supervision[287] folgte teils logistischen Überlegungen, teils „biografischer Not".[288]

In der Folge überschnitten sich zwei Entwicklungen, die hier mitzuteilen sind, weil sie den Verlauf zweier Projekte erschütterten und Arbeitserfolge ver- oder behinderten: Einzelne Projektmitarbeiter[289] (und zwar diejenigen, die auch die Supervision mieden) blieben mit unterschiedlichen Begründungen den Gesamttreffen und projektinternen Fortbildungsveranstaltungen fern.[290] Gleichzeitig kamen der wiss. Begleitung Alarmrufe der Praxis[291] bzw. jeweils auch von Mitarbeitern zu Ohren.

Am Ende dieser unseligen Entwicklung stand das Ausscheiden eines ganzen Teams in einem Projekt[292] und zeitversetzt das Auscheiden eines Mitarbeiters in einem anderen Projekt.[293]

---

[287] Durch Nichtteilnahme oder durch Nichtteilnahme bei Anwesenheit und durch dauernde Terminabsagen und -verhinderungen.

[288] Es geht um Selbstschutz. (Siehe wiederum den Abschnitt „Rekrutierung".)

[289] Drei aus zwei Projekten, um genau zu sein.

[290] Zum Beispiel wurde auf einen Überstundenausgleich verwiesen, man nahm kurzfristig Urlaub, meldete sich krank oder „vergaß" den Termin.

[291] U.a. von Behörden und sozialen Einrichtungen. Es sei vermerkt, daß Ungereimtheiten und Widersprüche in der Selbstdarstellung die Aufmerksamkeit der wiss. Begleitung schürten, so daß es schließlich zu einer gezielten Recherche in der Praxis und zu Gesprächen mit dem Träger kam

[292] das - nur ansatzweise und gelegentlich - im Sinne der Gesamtkonzeption gearbeitet hatte, sich teils der Arbeit mit den Jugendlichen sogar entzogen und eine Fassade errichtet hatte, hinter der es im wesentlichen nur „leere Räume" gab. (Zudem gab es finanzielle Unregelmäßigkeiten.)

[293] Das Problem war eher ein biografisches. (Die auch hier aufgedeckten Unregelmäßigkeiten beruhten eher auf Überforderung.)

12.4 Bewertungen und Folgerungen

Die Arbeit von wiss. Begleitung und Streetworkern „der ersten Stunde" wurde kontinuierlich, in guter Atmosphäre und konstruktiv fortgeführt, während die Supervision zugleich als höchst befriedigend und entlastend erlebt wurde.[294] *Die Arbeitsteilung - die die Besprechung des Faktischen und des Geplanten möglichst den Treffen mit der wiss. Begleitung und die Aufarbeitung von psychischen und moralischen Problemen, von Identitätskrisen und Anfechtungen möglichst der Supervision vorbehielt[295] - hat sich aus unserer Sicht bewährt.*

Probleme ergaben sich dagegen aus dem Personalwechsel, es fehlte hier ja der vorausgegangene Prozeß des gemeinsamen Erstreitens einer Infrastruktur, der Erarbeitung einer Konzeption und von theoretischen und begrifflichen Voraussetzungen der Arbeit, von Mitteilung und Rückmeldung der Praxiserfahrungen, der Diskussion um die Vernetzungsbemühungen. Da eine eigene Supervision unverzüglich aufgenommen werden konnte, entfiel auch die erkenntnisträchtige allmähliche Grenzziehung von Supervision und fachlichem Beratungsgespräch.

Da wir bereits an anderer Stelle über *Qualifikationen und Anforderungen an Streetworker* reflektiert haben,[296] wollen wir hier nur kurz auf einen Aspekt verweisen, der im Laufe der wiss. Begleitung deutlich wurde.

Es wird bei Bewerbungsgesprächen gern nach „*Teamfähigkeit*" gefragt. Und in der Regel bekunden die solchermaßen Befragten einen entschiedenen Enthusiasmus für die fachliche Begegnung, den Aus-

---

[294] Wir stützen uns auf die Aussagen der Betroffenen.

[295] In der Mittelphase der Projekte hatte es hier Überschneidungen gegeben.

[296] Siehe oben: „Rekrutierung".

tausch von Kenntnissen, Erfahrungen, Meinungen, das „Bündeln der Kräfte" usw. Offenbar aber ist die Neigung und Fähigkeit zu „gegenseitigem Lernen" sehr unterschiedlich ausgeprägt. Wir haben unter den Straßensozialarbeitern gelegentlich eine ziemliche „Gruppenabstinenz" und Abschottungstendenzen vorgefunden. Ein anderes Menschenbild, eine andere Vorstellung von Nähe und Distanz, von Engagement und Verantwortung, von öffentlicher Präsenz werden offenbar als bedrohlich erlebt und dem eigenen Horizont ferngehalten. Ein solches Verhalten ist menschlich und verständlich, jedoch fachlich kontraproduktiv. Im Rahmen der *Supervision* müßte dies aufgedeckt und bearbeitet werden, geht es dort doch u.a. darum,

„• *das eigene Handeln zu reflektieren,*
- *das Spektrum der Wahrnehmung zu verfeinern,*
- *Sichtweisen anderer zu erfahren,*
- *Beziehungen zu KlientInnen und zu KollegInnen bewußter zu gestalten,*
- *die Auffassung zur Institution und dem Arbeitsauftrag zu überprüfen,*
- *psycho-soziale Kompetenzen zu erweitern,*
- *ein ganzheitliches Verständnis für das aktuelle Arbeitsfeld zu erreichen,*
- *ins Stocken geratene Prozesse in Bewegung zu bringen,*
- *Mut zu machen für neue konstruktive Handlungsprozesse,*
- *Teamkonflikte zu bearbeiten und zu reduzieren.*" [297]

Wir haben in unseren Projekten gesehen, daß wann immer sich Mitarbeiter diesen Aufgaben entzogen, die Arbeit über kurz oder lang gescheitert ist. Die *ausdrückliche Bereitschaft zur Supervision* sollte u. E. daher ein *Einstellungskriterium für Straßensozialarbeiter* bilden.

---

[297] BECKER 1995, S. 293..

Unsere teils schmerzlichen persönlichen Projekterfahrungen erlauben uns, auf einen neuralgischen Aspekt von Straßensozialarbeit hinzuweisen, der von Mitarbeitern etwa in der Psychi-atrie, in der Heimerziehung und durchaus auch aus der offenen Jugendarbeit bekannt ist: Die *Schwierigkeit von Beziehungsarbeitern,*[298]

- mit den eigenen Kräften hauszuhalten,
- eine angemessene Balance zwischen Nähe und Distanz zu den Klienten herzustellen,
- klare Grenzen zwischen dem Privaten und dem Arbeitsleben zu ziehen,
- zu erkennen, wann man aussetzen, sich zurückziehen muß,
- wann man aufhören muß.

Obschon wir in unseren Projekten des öfteren mit diesem Thema konfrontiert waren, gehört es eher in die Supervision. Wir deuten die Nichtbereitschaft zur Supervision als Furcht vor der Aufdeckung der Unfähigkeit zur Grenzziehung. Diese Unfähigkeit erweist sich in der Arbeitsbiografie von Sozialpädagogen meist, aber längst nicht immer, als ein Anfängerproblem, das u.U. mit geringem Schaden für alle Beteiligten überwunden werden kann. Es gibt allerdings durchaus den Grenzfall einer biografischen Not (mit hier nicht zu diskutierenden Hintergründen), die es dem Betroffenen nicht erlaubt[299], mit Abhängigkeiten (eigenen und fremden) umzugehen. Wenn das Problem zu spät erkannt wird, hat es u.U. fatale Folgen

---

[298] Das folgende ist aus der seinerzeitigen Diskussion des *„Helfersyndroms"* bekannt (SCHMIDBAUER 1977). Zur Praxisdiskussion von *„Nähe und Distanz"* vgl. auch BOTH/NIMZ 1995, S. 37ff. *"Zum Umgang mit der Trennung von Arbeit und Privatleben bei aufsuchender Jugendarbeit"* KRAFELD 1996, S. 86ff.

[299] nicht ohne weiteres, nicht einfach aufgrund einer Lerneinsicht, nicht ohne Therapie etwa, oder auch nie.

sowohl für Klienten als auch für Kollegen und natürlich auch für den Betroffenen selbst.[300]

Auch wegen dieser Gefahr ist die Rekrutierung von Straßensozialarbeitern alles andere als eine leichte Aufgabe.

Jenseits einer so grundsätzlichen Problematik dürfte es in der Arbeitsgeschichte jedes Straßensozialarbeiters zu Phasen der Erschöpfung, des Zweifels, des Verlangens nach Ausschalten und Aufhören kommen. Es ist - wie wir nach allem zu behaupten wagen - „normal", an die eigenen Grenzen zu stoßen. Und es ist normal, in einem allmählichen Prozeß zu lernen, die eigenen Kräfte einzuteilen und ihrer Wiederherstellung genügend Raum und Zeit zu widmen. (Aus unserer Sicht ist es ebenfalls normal und richtig, nach einigen Jahren Streetwork aufzuhören.)

Abschließend wollen wir noch einmal kritisch auf die Rolle der wiss. Begleitung eingehen. Fraglos gilt auch für sie, was für die Streetworkprojekte selbst gilt. Alles hängt von den Personen ab. Es mag von Vorteil gewesen sein, daß auch die wiss. Begleitung als „gemischtgeschlechtliches Team" auftrat und zudem mit unterschiedlichen Kompetenzen ausgestattet war. Der innovative Charakter der Projekte bildete auch für die wiss. Begleitung eine besondere Bedingung im Sinne einer Orientierungsnotwendigkeit und von Lernprozessen. Im Nachherein sehen wir zwei Entwicklungen kritisch:

Die anfängliche *Solidarität* mit den Teams, die der Beratungssituation zweifellos zugute kam, wurde in dem Moment obsolet, als

---

[300] Eine Variante desselben Problems ist die (nur alltagstheoretisch unwahrscheinliche) Unfähigkeit von Beziehungsarbeitern, sich überhaupt auf Beziehungen einzulassen. Hier ist das (mehr oder auch weniger bewußte) Wissen um die Notwendigkeit der Distanz zu den Klienten wirksam. Als Straßensozialarbeiter sollte (kann) eine solche Person nicht arbeiten.

sich angesichts von Indizien einer Problemzuspitzung in einem der Projekte zeigte, daß man auf objektivierende Beobachtungen von dritter Seite angewiesen war. Dies stellte durchaus ein Vertrauensdilemma dar. Die *Loyalität* der wiss. Begleitung stand auf dem Prüfstand. Die Aufgabe war, alles in unserer Macht Stehende zu tun, was zum Projekterfolg führen würde bzw. den Mißerfolg verhinderte.[301] Dies hatte nach unserer eigenen Wahrnehmung bei manchem anderen Projektmitarbeiter eine vorübergehende Irritation zufolge.[302] Die Trennung von wiss. Begleitung und Supervision hat möglicherweise zur Beruhigung beigetragen.

Die Frage ist, ob es möglich gewesen wäre, dem Dilemma aus dem Wege zu gehen oder es früher zu erkennen. Jedenfalls scheint es zweckmäßig, das Problem genauer zu bestimmen: Es geht um den *Zwiespalt* notwendigen *Vertrauens* und notwendiger *Kontrolle*, Kontrolle im Sinne von Beratung/Steuerung einerseits und Überprüfung[303] andererseits. Der Rückblick zeigt, daß kontinuierliche inhaltlich substantielle Berichte und *problem*bezogene Beratungsgespräche „gute Arbeit" indizieren, freudestrahlende (aber inhaltlich eher globale) Mitteilungen über eine *problemlose* Entwicklung das Gegenteil. Dies haben wir möglicherweise nicht schnell genug erkannt.

Die zweite kritische Erfahrung betrifft die Auseinandersetzung mit den Trägern um die infrastrukturelle Ausstattung der Projekte. Zwar

---

[301] Voraus gegangen war nun allerdings ein illoyales Verhalten eines Teams gegenüber Träger und wiss. Begleitung. Die Überlegungen betrafen die Frage, wie strategisch mit dem Problem gegenüber den anderen Teams umzugehen war.

[302] Zu diesem Zeitpunkt kam es allerdings auch zu einer Problemzuspitzung in einem anderen Team. Hier gab es so etwas wie eine allmähliche Absetzbewegung eines Mitarbeiters, wenn man so will, hatte er seinerseits alle Loyalität aufgekündigt.

[303] mindestens Plausibilisierung, Überzeugung.

sind wir nach wie vor der Überzeugung, in der Sache richtig gehandelt zu haben. Das Resultat der Auseinandersetzung aber ist in immerhin zwei Fällen problematisch gewesen, insofern die Träger mit der Zubilligung von unbürokratischen Sonderregelungen (bezüglich Reisekosten und Abrechnungsmodalitäten) auch gleich die üblichen bürokratischen Kontrollen außer Kraft setzten oder ihnen zumindest nicht genügend Aufmerksamkeit widmeten. In gewisser Weise sieht dies so aus, als sei man „über's Ziel hinausgeschossen". Falls der entschiedene Einsatz der wiss. Begleitung für jene Sonderregelungen mit Ursache für die administrative Großzügigkeit der Träger gewesen ist, so bedauern wir das. Und jedenfalls wird man künftig in analogen Fällen das Kontrollproblem ansprechen müssen.

13. Öffentlichkeitsarbeit

Öffentlichkeitsarbeit der Projekte fand auf unterschiedlichen Ebenen statt:

- in Gremien, Institutionen, Initiativen etc. im Stadtteil bzw. in der Stadt,
- in der Fachöffentlichkeit und
- in den lokalen Medien.

13.1. Grundsätze

Bevor wir auf die einzelnen Bereiche eingehen, möchten wir auf einige inhaltliche Grundsätze[304] hinweisen, die sich als Leitlinie für die Öffentlichkeitsarbeit herauskristallisiert haben. Gewiß ist Öffentlichkeitsarbeit prinzipiell notwendig, einerseits um den Uneingeweihten die Projektziele deutlich zu machen und für sie zu „werben", andererseits aber auch „um die eigene Arbeit zu legitimieren".[305]

- Öffentlichkeitsarbeit läßt sich als Teil der Lobbyarbeit für die Zielgruppe verstehen. Sie mag im Einzelfall helfen, Außenstehenden manche Probleme betroffener Jugendlicher nahezubringen und Verständnis für die Bedürfnisse und Nöte von einzelnen und Gruppen zu wecken.
- Sie kann dazu dienen, Jugendliche bei der Artikulation ihrer Interessen und Bedürfnisse zu unterstützen und ihnen Beteiligungsmöglichkeiten zu eröffnen.
- Eine wesentliche Maßgabe aller Öffentlichkeitsarbeit ist in

---

[304] Vgl. dazu auch BECKER u.a. 1996, S. 81ff.

[305] Auf diesen Aspekt weisen auch, insbesondere angesichts immer knapper werdender finanzieller Mittel, FISCHER/SUTTER (1994, S. 224) hin. Er war bei den Projekten in Rendsburg, Lübeck und im Hzgt. Lauenburg insofern unbedingt zu berücksichtigen, als die Installierung der Projekte teils schon vorher in der Presse angekündigt worden war und große Erwartungen geschürt wurden.

jedem Fall die Verhinderung oder Eindämmung der Stigmatisierung oder Kriminalisierung von Klienten.

- Insbesondere dürfen nicht einzelne Personen oder Gruppen der Klientel „vorgeführt" werden.
- Die Nennung konkreter Daten und Fakten, aus denen Rückschlüsse auf Taten oder Personen gezogen werden können, ist zu vermeiden. Es gilt das Anonymitätsgebot.
- Der eigenen Klientel gegenüber gilt das Transparenzgebot.Sie muß über die geleistete Öffentlichkeitsarbeit informiert, ggf. über Mißgriffe von seiten der Presse aufgeklärt werden.
- Ungeachtet der Prävalenz der Idee der Pressefreiheit sollte die Bemühung der Streetworker sich darauf richten, eine vertrauensvolle Atmosphäre in der Zusammenarbeit mit Medien herzustellen und insbesondere negative Sensationsdarstellungen zu verhindern.
- Dazu mag eine sachliche Darstellung dienlich sein, die auf „Effekthascherei" verzichtet und nicht etwa eine sensationslüsterne "Bericht"-Erstattung begünstigt. Dies schließt im Einzelfall die Zusammenarbeit mit bestimmten Medien aus, dann nämlich, wenn vorauszusehen ist, daß deren Absicht für die Straßensozialarbeit kontraproduktiv ist.
- In jedem Falle ist vorher genau zu überlegen und zu hinterfragen, aus welchem Grunde und mit welchem Ziel welche öffentlichkeitswirksame Maßnahme ergriffen wird. Streetworker sind möglicherweise den narzißtischen Lockungen der veröffentlichten Selbstdarstellung mehr ausgesetzt als Berufskollegen in anderen sozialen Bereichen.

13.2. Öffentlichkeitsarbeit der Projekte

In allen Projekten wurde, wenn auch mit unterschiedlicher Akzentuierung, Öffentlichkeitsarbeit geleistet:

Die Streetworker waren mehr oder minder regelmäßig in politischen Gremien, Ausschüssen, Initiativen und Institutionen im Stadtteil, in den Kommunen, in der Stadt anzutreffen. Namentlich in der Aufbauphase gab es eine Flut von Sitzungen, bei denen die Teilnahme der Straßensozialarbeiter wünschenswert erschien. Es ging darum, die Projektziele darzustellen, die Einrichtung und sich als Personen und Ansprechpartner zu präsentieren, mögliche Kooperationspartner kennenzulernen und Grundlagen für eine Zusammenarbeit im Sinne der Vernetzung zu legen. Hier investierten die Streetworker ausnahmslos viel Zeit und Kraft. Häufige Anfragen (etwa von Schulen und Jugendtreffs, aber auch von Eltern) ließen den Bedarf offensichtlich werden.

Zumindest zeitweise bestand die Gefahr, in der Flut der Termine unterzugehen und die eigentliche Arbeit (mit der Klientel) zu vernachlässigen. Es bedurfte einiger Zeit und einer Phase der Selbst-Verständigung, bis man imstande war, die vielen Anfragen genauer abzuwägen und Wichtiges von Unwichtigem zu unterscheiden. Im Einzelfall wurde die anfängliche Freude über die allseitige Aufmerksamkeit durch eine sich allmählich einstellende Skepsis hinsichtlich der Beweggründe der Gesprächspartner und der Effektivität der Sitzungen abgelöst und mündete schließlich in eine eher pragmatische Haltung.

Manche Sitzung hat sich im Laufe der Zeit auch dadurch erledigt, daß nach einer gewissen Projektdauer und Erfahrung der Zusammenarbeit feste Ansprechpartner und somit „kurze Drähte" vorhanden waren, so daß etwa organisatorische Fragen direkt geklärt werden konnten. Natürlich spielten hier die Faktoren lokale Einbindung und persönliche Nähe bzw. Distanz zu den örtlichen Gegebenheiten und Entscheidungsträgern eine Rolle.

Hinsichtlich der Medien, vor allem Presse und Fernsehen, waren alle Projekte[306] während der gesamten Projektdauer sehr zurückhaltend[307]. Dies hatte vor allem zwei Gründe: Erstens verfügten wir über Informationen von anderen Projekten, die mit Medienvertretern „schlechte Erfahrungen" gemacht hatten[308], und zweitens wollten wir keine negative Verstärkung der Haltung Jugendlicher riskieren (frei nach dem Motto: „Wenn ich Randale mach', komm' ich in die Zeitung!").

Überdies lagen bereits eigene - eher negative - Erfahrungen vor: In Rendsburg waren bereits vor Arbeitsaufnahme des Projektes Zeitungsartikel erschienen, in denen verkündet wurde, daß demnächst Streetworker auf die „Rechten angesetzt" seien. Bei den Betroffenen erweckte das den Eindruck, Streetworker seien so etwas wie eine polizeiliche Instanz bzw. zumindest für ihre „Umerziehung" auserkoren. Dies erschwerte dann auch anfänglich die Kontaktaufnahme zur Szene.

Öffentlichkeitsarbeit in Zeitungen[309] wurde zu Beginn der Projekte vor allem zur Vorstellung der Arbeit genutzt, zur Bekanntmachung der Streetworker, der Einrichtung und ihrer Öffnungszei-

---

[306] und auch die wiss. Begleitung

[307] Im Einzelfall mag es den Streetworkern durchaus schwer gefallen sein, Pressevertretern ihre Zurückhaltung klarzumachen, ohne sie „vor den Kopf" zu stoßen. Im Hzgt. Lauenburg wurde die Situation dadurch erleichtert, daß der Träger sich prinzipiell die Außenvertretung vorbehielt, die Streetworker sich also darauf berufen konnten, daß „sie nichts sagen dürften".

[308] Dies betraf z.B. auch ein Kieler Projekt. Und in Berlin z.B. waren Pressevertreter sogar so weit gegangen, rechtsorientierte Jugendliche für bestimmte zur Schau gestellte Haltungen und Äußerungen regelrecht zu entlohnen. Vgl. auch STÜRZEBECHER 1993, S. 79ff.

[309] und einmal im Offenen Kanal Lübeck.

ten.[310] Im weiteren Verlauf der Projekte gab es Informationen über einzelne Aktivitäten.[311] Diese Zurückhaltung[312] hat sich u.e. im großen und ganzen als sinnvoll erwiesen. Daß bereits bei kleineren Unstimmigkeiten Irritationen bei der Zielgruppe auftreten können, mag ein Beispiel aus Lübeck belegen: Nach dem zweiten Anschlag auf die Synagoge sendete der *NDR 3* im „Schleswig-Holstein Magazin" einen Beitrag über die Arbeit des Projektes. Eingeleitet wurde der Beitrag mit Archivmaterial aus den 80er Jahren, auf dem NS-Parolen gröhlende Jugendliche zu sehen waren. Dies ließ den Eindruck entstehen[313], als arbeiteten die Streetworker ausschließlich mit „rechten" Jugendlichen. Folge waren heftige Diskussionen und Schwierigkeiten mit solchen Jugendlichen, die sich nicht zum „rechten" Spektrum gezählt wissen wollten.

An dieser Stelle wollen wir noch einen weiteren u.e. wichtigen Grund nennen, die Darstellung der Arbeit mit gewaltbereiten Jugendlichen medial „kurz zu halten". Ohne in grundsätzlicher Weise auf die unselige und bis heute kontrovers diskutierte Frage einzugehen, ob und inwieweit etwa das Fernsehen durch einschlägige Darstellungen Gewalt mit verursacht, wollen wir auf einschlägige Erfahrungen sowohl in den USA als auch in Deutschland[314] hinwei-

---

[310] Die Anfrage eines Fernsehsenders in Lübeck, wurde - wie sich auch für die Streetworker anschließend herausstellte - „zum Glück" abgewiesen: Die Darstellung war so fehlerhaft und klischeehaft, daß beide Streetworker anschließend froh waren, nicht mit einem Interview beteiligt gewesen zu sein.

[311] Z.B. Polenfahrt und Streetballturnier in Lübeck.

[312] Die Berichterstattung in Rendsburg anläßlich der „Unregelmäßigkeiten" im Projekt, die sicherlich dem Ansehen des Projektes in der Öffentlichkeit geschadet hat, bleibt an dieser Stelle außer Betracht.

[313] Auch nach Meinung der Streetworker.

[314] Vgl auch WILLEMS 1993, S. 232f; ECKERT 1993, S. 135ff.

sen: Offensichtlich erleben manche der gewalttätigen Jugendlichen ihre Fernseh- Präsenz und den „Ruhm" (die Negativität desselben spielt im Einzelfall keine Rolle) als affektive Bestätigung, als Belohnung. Je weniger Bedeutung den primären Quellen der Selbstbestätigung - also der Familie, den Nächsten - zukommt und je mehr Bedeutung und Wirklichkeitsgehalt dem öffentlichen Medium zugeschrieben werden[315], umso stärker entfaltet sich offenkundig auch der Wechselprozeß von öffentlicher Selbstdarstellung und Bestätigung in der Gruppe. Gewalt scheint öffentlich belohnt zu werden, im Erleben der Betroffenen „zahlt" sie „sich aus".

Insofern ist die Rolle einer bestimmten Form der „Berichterstattung" kritisch zu sehen, und Straßensozialarbeiter handeln weise, wenn sie der sensationellen „Dokumentation" der Gewalt nicht Vorschub leisten.

---

[315] im Sinne des berühmten (verschiedenen amerikanischen Publizisten zugeschriebenen) Mottos „Es ist nichts wirklich, solange es nicht im Fernsehen zu sehen war."

14. Straßensozialarbeit und Jugendarbeit

Hintergrund aller Jugendarbeit in der „Wissensgesellschaft" ist der *Strukturwandel der Jugend, der durch eine immer längere Phase des Übergangs von der Kindheit ins Erwachsenenleben, immer längere Ausbildungsphasen und eine für viele immer schwierigere und länger dauernde Berufsfindung gekennzeichnet* ist. Hintergrund ist weiterhin die *Konzentration von Benachteiligungen, Bedrohungen und Risiken bei Angehörigen unterer Sozialschichten und bei Einwanderern* (Arbeitsmigranten, Flüchtlingen, Asylsuchenden). Die familialen Entwurzelungen und Milieuverluste, die Individualisierung der Lebensentwürfe sowie die subkulturellen Zuflüchte gehen mit Gefährdungen einher. Damit hat Jugendarbeit zu tun. Welcher Konzepte auch immer sie sich bedient, im Kern geht es um *Hilfen zur Lebensbewältigung.* *„Ansonsten bestünde.. die Gefahr, daß randständige Jugendliche von Einrichtungen Offener Jugendarbeit ... übersehen werden."* [316]

Ist dies geklärt, *stellt* sich die *Alternative von Straßensozialarbeit und offener Jugendarbeit nicht* mehr. Der grundsätzlichen Idee nach hat man es hier wie dort mit den *Überforderten, Auffälligen und Gefährdeten* aufzunehmen. Vielmehr ist Straßensozialarbeit eine *Variante von Jugendarbeit,* die inhaltlich und methodisch spezialisiert ist und die deshalb vielleicht ein gewisses *Anregungspotential für Neuerungen in der Jugendarbeit bietet* (oder umgekehrt durch ihre Anschauung Erstarrungen und Verkrustungen bei etablierten Varianten aufzudecken geeignet ist).

Die *Sonderheit von Straßensozialarbeit* ist zum einen ihr erklärter *Zielgruppenansatz, der sich um gewaltbereite Jugendliche*[317] *dreht,* zum

---

[316] Keppeler 1989, S. 20.

[317] Von der Idee her standen ursprünglich rechtsextremistisch gefährdete Jugendliche im Vordergrund, in der Praxis ging es dann um die Attribute Gewaltbereitschaft, soziale Benachteiligung und ethnische Diskriminierung, oft kombiniert.

anderen der erklärte *methodische Ansatz des Aufsuchens*. In neuerer Zeit und in unseren Projekten wurde dies *kombiniert mit dem „akzeptierenden"Ansatz,* der seine lebensweltliche Verpflichtung, d.h. das Einlassen auf unbürgerliche und teils antisoziale Jugendkulturen als Annäherungs- und Vertrauensbildungsprinzip vorsieht und der die Lage von gefährdeten und gefährlichen Jugendlichen prinzipiell als Ausfluß der gesellschaftlichen und politischen Entwicklung versteht. Er richtet sich also radikal gegen jede Ausgrenzung von Jugendlichen.

Wennschon die Ausgrenzung bestimmter Gruppen in Einrichtungen „seßhafter" Jugendarbeit theoretisch ein Unding ist, findet sie praktisch durchaus nicht selten statt. Da heißt es etwa: „keine Rechten", „keine Glatzen", „keine Zigeuner", „keine Türken". Natürlich ist es leicht, sich darüber zu empören. Doch was so klingt, als würde man hier seiner Aufgabe nicht gerecht, *kann* im Einzelfall organisatorischen und sozialpädagogischen Notlagen entspringen, die eine Aufgliederung und Begrenzung von Gruppen bedingen.

Sollte allerdings die Entwicklung von Jugendhäusern dem Muster folgen: *„starre Öffnungszeiten, feste Altersgrenzen, Dominanz von Gruppenarbeit, fehlende offene Angebote, scheibchenweise gereichte Mittelschichtkultur, frustrierte PädagogInnen und ihre kleinen Fluchten, sterile Optik, Öde und Langeweile"* [318] mit der Folge des Wegbleibens gerade der auffälligen Jugendpopulation, dann dürfte Straßensozialarbeit mehr als nur eine notwendige Ergänzung der Jugendarbeit sein. *„Streetwork als lebensnaher und niedrigschwelliger Arbeitsansatz kann sozialpädagogische Angebote auch Zielgruppen zugänglich machen, die klassische einrichtungsgebundene Beratungsangebote nicht annehmen."* [319]

---

[318] GREF 1994, S.15.
[319] GREF 1995, S.20.

Im besten der Fälle kooperieren und ergänzen sich Jugendarbeiter und Einrichtungen der seßhaften und der aufsuchenden Variante. Beide Seiten können inhaltlich, methodisch und besonders auch hinsichtlich der Ressourcen voneinander profitieren, sofern sie sich nicht voreinander abschotten und in mehr oder minder stummer Konkurrenz nebeneinander bestehen. Letzteres geschieht heute vielerorts - nicht etwa wegen einer notorischen Teamunfähigkeit mancher Jugendarbeiter[320], sondern wegen der Bedrohung von Arbeitsplätzen und eines politisch (und ökonomisch) angefachten Erfolgs- und Abgrenzungszwangs. Im Rahmen unserer Projekte hat es nun aber ermutigende Beispiele für eine Kooperation der beiden Varianten von Jugendarbeit gegeben. Nicht nur stellten Jugendzentren ihre Räumlichkeiten zur Verfügung, sondern es kam zu (fachlich und methodisch oder auch persönlich begründeten) Weitergaben von einzelnen Klienten und Gruppen.[321] Voraussetzung einer solchen Kooperation und eines konstruktiven Neben- und Miteinanders ist hier allemal eine Kommunikationsroutine. Diese sicherzustellen, definieren wir als grundsätzliche Aufgabe von Rekrutierern, Trägern und Mitarbeitern der Jugendarbeit.

Wir wollen aber keine falsche Leichtigkeit vortäuschen. Eine Kürzung im Bereich der Jugendhäuser zugunsten einer Verstärkung der aufsuchenden Straßensozialarbeit untergräbt den geforderten Dialog - es sei denn, es gebe keine persönlichen Opfer, und die Umschichtungen verliefen einvernehmlich.

Beziehen wir die Fragestellung des Verhältnisses von Streetwork und Jugendarbeit auf unsere Projekte, so zeigt sich im weiteren, daß

---

[320] Deren gelegentliches Vorkommen soll nicht geleugnet werden.

[321] Dies hat in der Praxis der Jugendarbeit wohl eher Seltenheitswert. Die Gründe sind mannigfach, verbreitet ist natürlich die Idee, daß der eigene Arbeitserfolg sich u.a. in der Menge von Klienten zeigt (worin Wahrheit liegt).

nicht nur in Stadtteilen, sondern besonders auch im ländlichen Raum ein starker Bedarf für die aufsuchende Arbeit besteht.[322] Schon aus ökonomischen und organisatorischen Gründen ist es vielen Jugendlichen nicht möglich, sich den Angeboten der Jugendzentren zu nähern. Hinzu kommen subkulturelle Orientierungen und gelegentlich auch eine Neigung zur territorialen Verhaftetheit, die jedoch den cliquenweisen Ortswechsel nicht ausschließt. Nicht nur in unseren Projekten, sondern allenthalben in der Bundesrepublik hat sich in den letzten Jahre gezeigt, daß sowohl rechtsradikale Orientierung als auch Gewaltbereitschaft im dörflichen und kleinstädtischen Milieu gedeihen können. Die aufsuchende jugend-arbeiterische Einmischung ist da politisches Gebot.

Ein Problem solcher Einmischung kann das Einzelkämpfertum von Streetworkern werden. So ist es wohl kaum zu leisten, vier, fünf, sechs Orte mit Angeboten zu versorgen, wenn man nicht im Team arbeitet, in dem man Aktivitäten, Zeiten, Präsenzen, Klientengruppen[323] nach Maßgabe von Fähigkeiten, Neigungen und Belastung aufteilen kann. Gewiß geht es da nicht stets nur um die (oft nervenaufreibende) Erschließung neuer Aneignungsräume, sondern etwa um die Heranführung von Jugendlichen an vorhandene Ressourcen (im Sinne organisatorischer Maßnahmen), aber gerade die

---

[322] Bei STEFFAN 1989, GREF/MENTZKE 1994; im wesentlichen auch bei KRAFELD 1996 geht es um Stadtteilarbeit; fast ausnahmslos gilt dies auch für die Beiträge bei BECKER/SIMON 1995. Jugendarbeit im ländlichen Raum wird aber längst thematisiert und gefordert (vgl. u.a. BÖHNISCH/FUNK 1989; sodann die Dokumentation des BAYERISCHEN JUGENDRINGS 1992 mit dem Titel: *Stärkung der Jugendarbeit im ländlichen Raum*).

[323] Hier ist auch das Geschlecht zu erwähnen. Vielleicht ist es nicht ganz müßig, darauf zu verweisen, daß die Etablierung von oder die Anknüpfung an Einrichtungen der Mädchen-/ Frauenarbeit auch und gerade im ländlichen und kleinstädtischen Raum zu den vielen Aufgaben von Streetworkern gehört.

vielleicht nicht so häufigen Notfallinterventionen können einen allein agierenden Pädagogen schnell überfordern. Zumindest muß dieses Problem bedacht werden, wo immer man zu dem Schluß gelangt, Straßensozialarbeit nicht in Form von Teamarbeit zu etablieren.

Was die Etablierung von Straßensozialarbeit im Stadtteil[324] angeht, so verweisen wir auf die Versuchung der Seßhaftwerdung. Auch hier kommt es auf ein konstruktives Neben- und Miteinander fixer und aufsuchender Jugendarbeit an. So richtig es ist, daß Jugendliche feste eigene Entfaltungsräume brauchen, so richtig ist auch, daß „das Haus", „das Büro" immer nur Anziehungspunkt für einzelne Gruppen sein kann. Die innovative Kraft der Straßensozialarbeit als einer Variante der Jugendarbeit besteht ja gerade darin, daß sie sich um diejenigen unter den Jugendlichen kümmert, um die sich niemand sonst (jedenfalls in nicht strafender Weise) kümmert. Typischerweise finden die sich lediglich in seltenen Ausnahmefällen aus eigenen Stücken ein. Daher werden nur mobile, kreative, intuitionsgesegnete und obendrein tapfere Pädagogen mit der Aufgabe fertig, nicht in den bürgerlichen Trott zu verfallen. (Das Bild von der „Spinne im Netz" ist nicht sehr glaubwürdig, wenn das Netz in einem verborgenen Winkel hängt und man nur trockenes Chitin vor Augen hat.)

---

[324] Die Einrichtung von Streetwork für den Fall, daß es keinerlei, also auch keine „seßhafte", Jugendarbeit gibt, ist natürlich versuchungsträchtig. Erhofft man sich politisch einfach nur, daß (möglicherweise fremdfinanziert) „irgendein" Angebot da ist, handelt es sich allerdings um Etikettenschwindel. Was immer geschieht, ist ja mehr als vorher. Aber wer kommt dem Schwindel auf die Spur?

15. Zusammenfassung

15.1 Dialog mit der Polizei

Die Projektbedingung „Dialog mit der Polizei" ist erfolgreich umgesetzt worden. Es gab am Ende beiderseitige positive Rückmeldungen.

- Der „Erfolg" betrifft sowohl die tatsächliche Arbeit, insofern verschiedene Polizeien den Zweck von Straßensozialarbeit akzeptieren, nämlich Jugendliche mit eher pädagogischen Mitteln zu binden, und teils auch ausdrücklich als erreicht ansehen.
- Zugleich ist die verstärkte Transparenz polizeilicher Strategien von Vorteil, insofern die Straßensozialarbeiter ihrerseits den Klienten gegenüber mit klaren Vorgaben agieren können.
- Es konnte ein Dialogmodus gefunden werden, der die Straßensozialarbeiter von Gewissenskonflikten freihält, ihnen aber ihrerseits hilfreiche Informationen sichert.
- Der Erfolg stellt sich auch in Form positiver Erfahrungen mit der jeweils anderen Berufsgruppe dar. Der Dialog hat geholfen und wird im Falle der Weiterführung auch weiter helfen, wechselseitige stereotype Berufsbilder zu korrigieren.

15.2 Projekterfolg

Mißt man den Erfolg am Resultat oder am Prozeß, kommt man evtl. zu unterschiedlichen Urteilen. *Ein Erfolgskriterium ist die kontinuierliche Arbeit mit gewaltbereiten, gefährdeten, diskriminierten Jugendlichen an sich*, wobei das hieraus resultierende Ausmaß von Gewaltprävention oder gelegentlich auch Gewaltintervention nicht meßbar ist. (Es ist aber immerhin auf plausible Weise einzuschätzen.)

- Legt man dieses Kriterium an, kann das Lauenburger Projekt (in Mölln und Geesthacht) als durchgehender Erfolg angesehen werden.

- Das Rendsburger Projekt hat die Hälfte der Zeit aufgrund personeller Irrungen und Wirrungen verloren und danach einen Großteil der Strukturen und Methodik teils rekonstruiert, teils neu entwickelt, die eine erfolgreiche Straßensozialarbeit braucht. Es ist soz. mit einer positiven Prognose im Falle der Fortführung zu versehen.

- Das Lübecker Projekt hat zunächst über einen längeren Zeitraum gute - eher präventive und weniger inter- venierende - Arbeit geleistet, hat dann ebenfalls aufgrund personeller Irrungen und Wirrungen erhebliche Reibungs- verluste erlitten, wurde eine zeitlang notgedrungen „mit halber Kraft" (tapfer) fortgeführt und befindet sich nun teils in einer Rekonstruktionsphase, teils in einer Fortführungsphase. (Eine Prognose ist nicht möglich, zumal unklar ist, ob und inwieweit der für Jugendliche unterversorgte Stadtteil mit Regeleinrichtungen eher „seßhafter" Jugendarbeit oder eher aufsuchender Straßensozialarbeit versorgt werden soll.)

15.3 Die Bedeutung gewaltpräventiver Arbeit an Schulen

Die besondere strategische Bedeutung der Straßensozialarbeit mit, an und für Schulen ist in den Projekten einmal mehr deutlich ge- worden. Es gibt vereinzelte positive Beispiele einer Kooperation von Straßensozialarbeitern und Lehrern. Allerdings stellt sich nach wie vor die Frage der Erreichbarkeit von Schulen bzw. Lehrern. Hier Strategien zu entwickeln, dürfte Aufgabe künftiger Streetwork, mög- licherweise Jugendarbeit überhaupt, evtl. auch von Kommunen sein. In diesen Zusammenhang gehört auch die Frage, inwieweit Schulen

Jugendlichen „Aneignungsräume" anbieten oder überlassen können. Der Modus der Verantwortung oder der pädagogischen Betreuung wäre im Rahmen aufsuchender Jugendarbeit zu lösen. Allerdings muß den fachlichen Voraussetzungen dieser Arbeit verstärkte Aufmerksamkeit gewidmet werden.

15.4 Trägerschaft

Aufgrund mannigfacher Projekterfahrungen kommen wir zu folgenden keineswegs leicht sicherzustellenden Bedingungen einer erfolgreichen Trägerschaft von Straßensozialarbeitsprojekten:

- fachlich kompetente und interessierte Ansprechpartner,
- eine deutliche Organisationsstruktur,
- hinreichende Zeitressourcen des Trägers und
- eine verbindliche Arbeitsorganisation,
- Flexibilität einerseits,
- nachvollziehbare Kontrollroutinen andererseits.

15.5 Personalauswahl

Fehlgriffe bei der Personalauswahl wirken sich in der Straßensozialarbeit verheerend aus. Wegen der Flexibilität und Mobilität des Ansatzes gibt es weit weniger Kontrollmöglichkeiten als in anderen Bereichen sozialer Arbeit. So kann es geschehen, daß das Klientel überhaupt nicht erreicht wird, Arbeit nicht in Angriff genommen wird oder aber sich Mitarbeiter als unfähig erweisen, mit den Jugendlichen, um die es geht, in Beziehung zu treten.

- Daher ist dem Auswahlverfahren größte Bedeutung beizumessen. Mit dem Beschluß der Einrichtung von Stellen ist die politische Arbeit absolut noch nicht getan. Sofern die politisch Verantwortlichen die Personalauswahl an einen Träger delegieren, müssen sie ein sorgfältiges

Verfahren sicherstellen. Spätere Einstellung ist besser als eine verfehlte Einstellung. Gleichwohl ist niemand vor Fehlgriffen geschützt.

- Eine taugliche fachliche Ausbildung von Straßensozialarbeitern gibt es gegenwärtig in Schleswig-Holstein noch nicht. Der Fachbereich Sozialwesen der Fachhochschule Kiel bemüht sich um ein optionales Angebot. Der Arbeitsmarkt ist schwach besetzt auf der Angebotsseite.
- Aber Straßensozialarbeiter bedürfen keineswegs nur (vielleicht nicht einmal vorwiegend) der fachlichen Kompetenzen. Die Eignung der Persönlichkeit ist entscheidend. Sie ergibt sich vor allem aus der Fähigkeit, mit gewaltbereiten, schwierigen, gefährdeten Jugendlichen umgehen und als stabilisierende Bezugsperson fungieren zu können. Dieser Umstand erschwert die Personalauswahl weiterhin.
- Die besonderen Belastungen und Gefährdungen von Straßensozialarbeitern legen eine Supervision nahe, die am besten teamweise durchgeführt wird.

15.6 Straßensozialarbeit und offene Jugendarbeit

Straßensozialarbeit ist eine wichtige Ergänzung etablierter Einrichtungen der Jugendarbeit wie Jugendzentren, Jugendhäusern, Jugendtreffs.

- Eine Kooperation von aufsuchender und „seßhafter" Arbeit (von „Komm-" und „Gehstrukturen") unter Ausnutzung beidseitiger personeller und infrastruktureller Ressourcen ist wünschenswert.
- Straßensozialarbeit mag in ihrem Zielgruppenansatz, im akzeptierenden Ansatz, mit dem methodischen Prinzip des

Aufsuchens der Jugendlichen in ihrem Territorium und im Einzelfall mit ihren Angeboten (z.B. erlebnispädagogischer Art) innovative Anstöße für die Jugendarbeit überhaupt bieten.

- Und sie erweist ihre vorrangige Berechtigung dort, wo die etablierten Einrichtungen der Jugendarbeit sich gegen Randgruppen und auffällige Jugendcliquen zugunsten einer eher bürgerlichen Klientel abschotten. Eine grundsätzliche Ersetzung etablierter Formen von Jugendarbeit durch Straßensozialarbeit wäre aber verfehlt, da vielerorts das Angebot auf einem Minimalniveau vorgehalten wird. Überdies ist auch Straßensozialarbeit auf eigene Räume angewiesen. Würde sie ein Territorium allein besetzen, wäre die Versuchung des Seßhaftwerdens nachgerade unwiderstehlich.

- Straßensozialarbeit sollte wegen Arbeitsteilungs-, Reflexions- und wechselseitiger Korrekturmöglichkeiten im Team verrichtet werden.

16. Anhang: „Zur Supervision mit Straßensozialarbeitern"

Wolfgang Huhn/Gabriele Dubbert[334]

16.1 Streetwork und Supervision

Streetwork ist aufsuchende Sozialarbeit, wendet sich damit an einen Klientenkreis, der sich gewöhnlich nicht von sich aus an entsprechende Institutionen wendet. Ihre Ziele werden je nach Klientel bzw. Zielgruppe definiert. Sie ist zwar organisatorisch an einen entsprechenden Träger angebunden - die Arbeit selbst findet aber eigenverantwortlich, in eigener Zeitstrukturierung und selbstständiger Aufgabenstellung statt.

Sie ereignet sich in Devianzfeldern und erfordert gewisse Persönlichkeitseigenschaften wie

- Eigeninitiative,
- Kreativität,
- Kontaktfähigkeit,
- Abgrenzungsvermögen,
- eigene Wertfestigkeit,
- Angstfreiheit,
- Unabhängigkeit
- und Ambiguitätstoleranz.

Die Supervision im Rahmen des Streetwork-Projektes, von dem hier die Rede ist, wurde nach dem Supervisionskonzept für „Beziehungsarbeiter" von Loos (1991) durchgeführt, welches hier skizziert wird und auf dessen theoretischen Annahmen wir uns im folgenden beziehen:

---

[325] Die Verfasser haben freundlicherweise das Angebot angenommen, hier etwas über ihre Erfahrungen erster Hand mit der Supervision.

Charakteristisch für Beziehungsarbeit (in Abgrenzung zu Hand-, Kopf- oder Sacharbeit) ist, daß ihr „Material" nicht substantiell verfügbar bzw. konkretisierbar ist. Begriffe wie Beziehung, Kontakt, Meinung, Verhalten sind erst mit Rückgriff auf die Metapher des „Feldes" verstehbar. Ein solcher, innerlich zwar gegliederter und nach außen flexibel abgegrenzter Erfahrungsbereich ändert sich ständig und bedarf laufend neuer Ordnungsversuche.

Die Arbeit innerhalb eines solchen Feldes erfordert verschiedene Kompetenzen (kognitive, emotionale, soziale und Beziehungskompetenz), die nicht im Sinne einer formalisierbaren Ausbildung erworben und eingeübt werden können, um dann ausgeübt zu werden. Bedingt durch den „Gegenstand" der Beziehungsarbeit, nämlich die lebendige Person, existieren nur wenige Regeln und Prozeduren, wie man als Berater mit z.B. Drogensüchtigen oder Kriminellen umgeht. Vielmehr ist die Person in ihren Verhaltensweisen wenig vorhersehbar und unendlich komplex in ihren Reaktionen. Beziehungsarbeit kann daher nur exemplarisch gelernt werden und ist nicht in „Übungs-" und „Praxisphase" zerlegbar. Hauptaufgabe der Supervision ist es, diesen Lernprozeß zu steuern und die immer wieder auftauchenden Versuche des Supervisanden freundlich zu vereiteln, Prozeduren und Handlungspraktiken zu etablieren, die eine überschaubare Ordnung und Normalität herstellen sollen, bis der Punkt erreicht wird, an dem auf kognitive Landkarten verzichtet werden kann und der Streetworker sich jenseits der eingeübten Gewohnheiten bewegen kann.

Loos unterscheidet fünf Auswertungsebenen der Supervison:

- Wahrnehmungen des Supervisanden aus der von ihm präsentierten Situation mit seinen Ausblendungen und Fixierungen.

- Emotionale und kinästhetische Eigenwahrnehmung: Kontakt zu eigenen Körperempfindungen und Wahrnehmungen und die Fähigkeit, sie zu beschreiben.
- Gedanken und Interpretationen des Supervisanden und die daraus resultierenden Arbeitshypothesen für seine Klienten.
- Intuitionen des Supervisanden, die sein Erleben und Verhalten stark beeinflussen.
- Grundüberzeugungen, Werthaltungen und spirituell/ religiöse Orientierungen. Sie stellen den Hintergrund der vorgenannten vier Ebenen dar.

Alle diese Ebenen sind zu je verschiedenen Zeiten von unterschiedlicher Bedeutung. Die jeweilige Bearbeitung erfolgt nicht systematisch, sondern danach, welche momentanen Klärungen zur Fortsetzung der Arbeit erforderlich sind. Beispielhaft geht es dabei um:

16.2 Klärung der eigenen Rolle und Aufgabe in der jeweiligen Region innerhalb des Projektes

Die Minderung von Gewalt und Kriminalität - das eigentliche Projektziel - ist für die Arbeit von Streetworkern zu grob. Die individuelle Ausrichtung und Identifikation der Streetworker entweder auf *Prozesse* der Beziehungsarbeit oder aber auf bestimmte zu erreichende *Ziele* bzw. *Ergebnisse* (z.B. weniger Drogenkonsum, Verhinderung von Gewalt, Kontinuität bzw. Erfolg in Institutionen etc.) ist auschlaggebend dafür, ob die Arbeit subjektiv als erfolgreich erlebt wird.

Die kognitive Ausrichtung im Geschehen und ihre Reflexion in der Supervision sind u.a. dafür bestimmend, ob und wie lange ein Streetworker im Feld bleibt, da die Ausrichtung auf bestimmte Ergebnisse und die Identifikation mit ihnen leicht zu entsprechender

Selbstauf- bzw. Abwertung führt. „Vorzeigbare Ergebnisse" sind aber eher selten - wie überhaupt das Projektziel ja darin besteht, daß etwas nicht passiert, was eine entsprechende outcomes-Betrachtung schwierig macht. Dadurch sind Ergebnisse auch selten als selbstverstärkender Motivator wirksam. Im Gegenteil überwiegen eher die „Mißerfolge", wenn man sich an individuellen Klienten-Erfolgen orientiert und sich mit ihnen identifiziert. Aufgabe der Supervision ist es dann, solche Identifikationen zu relativieren, und damit 'burn out'-Erscheinungen aufzufangen.

16.3 Die Steuerung von Selbstverständigungsprozessen

Die Arbeit im devianten Feld verlangt dem Streetworker gleichzeitig Empathie und professionelle Distanz ab. Er ist ständig gefährdet, entweder durch Identifikation mit der Zielgruppe selbst deviantes Verhalten zu entwickeln oder durch Distanzierung den Kontakt zum Klientel zu verlieren. Zwischen diesen Polen bewegt sich die Aufgabe der Supervision.

Der besondere Bedarf ergibt sich daraus, daß es zwar eine organisatorische Anbindung gibt, aber wenig strukturelle Einbindung. Daraus entwickelt sich sogar häufig die paradoxe Situation, daß die Streetworker von stärker strukturierten und etablierten Einrichtungen (z.B. Jugendzentrum, Jugendamt, ASD) unbewußt mit ihrem Klientel identifiziert und mehr oder weniger bewußt abgelehnt werden.

16.4 Die Klärung der eigenen Werte und Beweggründe für die Arbeit als Streetworker

Für den Beruf des Streetworkers gibt es (bislang) keine formale Ausbildung. Voraussetzung für eine erfolgreiche Arbeit in diesem Feld scheinen eher be-stimmte Persönlichkeitsfaktoren (vgl. oben Kapitel 5) zu sein, die es den jeweiligen Menschen ermöglichen, sich in diesem unstrukturierten Feld zu bewegen. Daneben erscheinen bestimmte persönliche Beweggründe ausschlaggebend, deren Quellen in den persönlichen Werthaltungen und Grundüberzeugungen liegen, wie z.b. Gerechtigkeitsgefühl, Schutz der Schwachen vor den Mächtigen, Autonomie etc. Supervision unterstützt den Streetworker dabei, diese eigenen Motivationen zu entdecken/erkennen, latent oder offensichtlich vorhandene Wertkonflikte rechtzeitig wahrzunehmen und sie bewußt zu lösen. Eigene gelebte Werte können dann gezielt als Identifikationsmodell genutzt werden. Umgekehrt kann damit unbewußten Tendenzen, die eigenen aggressiven Antriebe durch Klienten ausagieren zu lassen, rechtzeitig begegnet werden.

16.5 Umgang mit eigener Angst als Folge potentieller und tatsächlicher Bedrohung

Bedrohung und Gewalt, die sich bei dem entsprechend beziehungsgestörten Klientel u.U. völlig unvorhersehbar und plötzlich entwickelt und entlädt, ist ein weiterer wichtiger Gegenstand der Supervision und muß ständig bearbeitet werden. Hier kommen die emotional entlastenden und persönlich unterstützenden Aufgaben der Supervision zum Tragen.

Außerdem bearbeitet Supervision gezielt die Ebene der Intuition. Es handelt sich dabei um vorsprachliches Wissen. Erleben und Verhalten werden häufig von solch weichen Informationen und schwachen Signalen aus zunächst unbekannten Wahrnehmungsquellen gesteuert. Supervision unterstützt dabei, diese Wahrnehmung zu stärken und die Ebene der Intuitionen gezielt zum Erkennen und Steuern potentiell gefährlicher Situationen zu nutzen.

17. Literatur

ARNOLD, T./STÜWE, G.: Die Aneignung von öffentlichem Raum durch Jugendliche, in: deutsche jugend 3/1992

BAENSCH, T.: Jugendlichen Raum lassen? 3. Aufl., Hamburg 1994

BAETCKE, W. u.a.: Straßensozialarbeit in Hamburg, in: Streetcorner 1/1990

BASSARAK, H.: Thesen zur Straßensozialarbeit/Mobilen Jugendarbeit zwischen selbstgestelltem Leitungsanspruch und von außen determinierter Effektivitäts- und Effizienzkontrolle, in: Streetcorner 2/1995

BAYERISCHER JUGENDRING: Stärkung der Jugendarbeit im ländlichen Raum, München 1992

BECK, U.: Die Risikogesellschaft, Frankfurt am Main 1986

BECKER, G.: Zur Implementation von Streetwork. 10 Schritte zur Entstehung eines Projektes, in: BECKER/SIMON 1995

DERS.: Beratung und Supervision als Reflexion beruflichen Handelns, 1995a, in: BECKER/SIMON 1995

BECKER, G./SIMON, T. (Hrsg.): Handbuch Aufsuchende Jugend- und Sozialarbeit, Weinheim/München 1995

BECKER, J.: Thesen zur akzeptierenden Jugendarbeit, in: Streetcorner 1/1996

BECKER, J./BERNDT, E.: Vorbemerkungen zum Verhältnis Sozialarbeit und Polizei, in: Streetcorner 1/1996

BECKER, J./BERNDT, E./DUTSCHKE, H./RENTMEISTER, E.: Thesen zum Verhältnis von Jugendsozialarbeit und Polizei, in: Streetcorner 1/1996

BECKER, J./RENTMEISTER, S.: Thesen zur Interessenvertretung, in: Streetcorner 1/1996

BECKER, J. u. a.: Interessenvertretung und Öffentlichkeitsarbeit, in: Streetcorner 1/1996

Berndt, E./Lüneberg, F.: Rahmenbedingungen von Straßensozialarbeit, in: Streetcorner 1/1996

Böhnisch, L./Funk, H.: Jugend im Abseits? Zur Lebenslage Jugendlicher im ländlichen Raum, München 1989

Böhnisch, L./Münchmeier, R.: Pädagogik des Jugendraumes. Zur Begründung und Praxis einer sozialräumlichen Jugendpädagogik, Weinheim 1990

Bottländer, J.: Schule im Spannungsfeld von politischen Fehlentscheidungen und neuen pädagogischen Aufgaben, in: Unsere Jugend 8/1996

Both, D./Nimz, P.: Nähe und Distanz, in: Streetcorner 1/1996

Bregenzer, M.: Mobile Jugendarbeit im ländlichen Raum. Trägerkooperation in Kernen im Remstal, in: Becker/Simon 1995

Bremen, B.: Projekte gegen Ausländerfeindlichkeit und Gewalt - eine kritische Bilanz, in: deutsche jugend 11/1995

Brenner, G.: Ausplünderung der jungen Generation? In: deutsche jugend 9/1996

Ders.: Jugendarbeit und Schule, 1996a, in: deutsche jugend 12/1996

Bruner, C. F./Dannenbeck, C. und M.-C. Zeller: Grenzenlose Jugendarbeit? vom Umgang mit rcehtsorientierten und gewalttätigen Jugendlichen, in: DJI: Gewalt gegen Fremde, Weinheim/München 1993

Bundesministerium für Familie, Senioren, Frauen und Jugendliche: Straßensozialarbeit/Mobile Jugendarbeit (Teil 1), Nr. 30 1996

Butterwegge, C.: Von Gewaltkultur, Stärkekultur und Kämpfernaturen, in: Pädex 6/1994

Ders.: Jugend, Gewalt und Gesellschaft, 1994a, in: deutsche jugend 9/1994

Ders.: Rechtsextremismus, Rassismus und Gewalt, Darmstadt 1996

Cohn, R.: Von der Psychoanalyse zur themenzentrierten Interaktion, Stuttgart 1975

DEINET, U.: Jugend-„Räume" in der Region. Aneigung, Gestaltung, Konzept, in: deutsche jugend 6/1994

DERS.: Offene Kinder- und Jugendarbeit, Qualifizierung der Offenen Kinder- und Jugendarbeit durch mobile, flexible und differenzierte Konzepte, in: Unsere Jugend 9/1994a

DEUTSCHER VEREIN FÜR ÖFFENTLICHE UND PRIVATE FÜRSORGE (Hrsg).: Fachlexikon der sozialen Arbeit, 2. Aufl., Frankfurt/Main 1986

ECKERT, R.: Vom „Schläger" zum „Kämpfer" - Jugendgewalt und Fremdenfeindlichkeit, in: Der Bürger im Staat, 2/1993

EWALD, V.: Burnout - Konstrukt oder ernstzunehmendes Problem? in: Unsere Jugend 12/1996

FARIN, K./SEIDEL-PIELEN, E.: Gewalt an den Schulen - Was tun?, in: Pädex 1/1994

FERSTL, R./NIEBEL, G./HANEWINKEL, R.: Gewalt und Aggression in schleswig-holsteinischen Schulen, Eutin 1993

FREUND, U.H.: Gewalt und Geschlechterdifferenz, in: Unsere Jugend 12/1996

GERIGK, U.: Über den Anspruch an Kampfkünste Mittel der Pädagogik zu sein, in: pro Jugend (Ausgabe Schleswig-Holstein) Nr. 4/96

GLÜCKS, E./OTTEMEIER-GLÜCKS, F.-G.: Die Gewalt erkennen - der Gewalt begegnen, Lübeck 1995

GREF, K.: Was macht Streetwork aus? Inhalte - Methoden - Kompetenzen, in: BECKER/SIMON 1995

DERS.: Rote Karte? In: GREF/MENZKE 1994

GREF, K./MENZKE, D. (Hg.); Grenzgänger, Nürnberg 1994

GRENZ, W./SIELERT, U.: „Sport alleine bringt's nicht" - Evaluation des Projektes „Sport gegen Gewalt, Intoleranz und Fremdenfeindlichkeit" in Schleswig-Holstein, in: pro Jugend (Ausgabe Schleswig-Holstein) Nr. 4/96

GUSY, B./KRAU, G. und G. SCHROTT-BEN REDJEB: Qualitätsmerkmale von Streetwork und ihrer institutionellen Rahmenbedingungen, in: Streetcorner 1/1990

HACKER, F.: Aggression: die Brutalisierung unserer Welt, Frankfurt am Main/Berlin 1988

HAFENEGER, B.: Eine Debatte geht zu Ende, in: Sozialmagazin H.7-8/1996

DERS.: Leitbilder, Vorbilder und interessante Erwachsene, in: deutsche jugend 9/1996a

HEIM, G. u.a.: „Anhören war für mich erst mal das Wichtigste!" Erfahrungen mit akzeptierender Jugendarbeit in rechten Jugendcliquen: in: KRAFELD 1992

HEITMANN, A./KLOSE, A. und T. SCHNEIDER: Streetwork und Erotik. Zur Problematik des Nähe-Distanz-Verhältnisses in der Straßensozialarbeit, in: BECKER/SIMON 1995

HEITMEYER, W. u.a.: Jugend, Staat, Gewalt, Weinheim, München 1989

DERS.: Desintegration und Gewalt, in: deutsche jugend 3/1992

DERS.: Gehen der Politik die gewaltlosen Mittel aus? Zur Paralysierung gesellschaftlicher Institutionen, in: OTTO/MERTEN 1993

HÖFS, H.: Die Zusammenarbeit von Polizei und Sozialarbeit am Beispiel von Gewaltprävention, Diplomarbeit FH Kiel, FB Sozialwesen, Kiel 1995

HOFFMANN, H.: Streetwork als Stadtteilarbeit - Ressourcen bündeln, in: BECKER/SIMON 1995

HOMFELDT, H.G.: Riskierte Körper - kann Erlebnispädagogik helfen? in: Pädex 5/1996

HURRELMANN, K.: Aggression und Gewalt in der Schule, in: Pädex 5/1993

DERS.: Wie kommt es zu Gewalt in der Schule und was können wir dagegen tun?, in: Kind, Jugend und Gesellschaft 4/1991

DERS.: Gewalt ist ein Symptom für fehlende soziale Kompetenz, in: HURRELMANN u.a. 1996

HURRELMANN u.a.: Gegen Gewalt in der Schule. Ein Handbuch für Elternhaus und Schule, Weinheim und Basel 1996

KAHL, M.: Die Rolle des Streetworkers. Zwischen Kumpanei und Kontrolle? In: BECKER/SIMON 1995

KAISER, A.: Beziehungsfähigkeit statt Gewalt in der Schule, in: Pädex 1/1993

KEPPELER, S.: Grundsätzliche Überlegungen zu Streetwork in der Jugendarbeit und Jugendhilfe, in: STEFFAN 1989

KIEBEL, H.: Zwanzig Jahre Streetwork in der Bundesrepublik, in: Streetcorner 9. Jg., 1/1996

DERS.: Ohne Moose nix los!, 1996a, In: Streetcorner 1/1996

DERS.: Zur Integration von Straßensozialarbeit in der Ausbildung der Fachhochschulen, in: STEFFAN 1989

KLEIN, M.: „Thrill-Pädagogik". Zum Umgang mit dem unkontrollierten Risiko, in: Deutsche Jugend 9/1996

KLETT, A.: Vom Bewußtwerden eines Mangels. Zur Geschlechterperspektive in der Arbeit mit männlichen Jugendlichen, in: BECKER/SIMON 1995

KLOSE, A./SCHNEIDER, T.: Mobile Jugendarbeit/Streetwork - Einige Entwicklungen und Perspektiven eines innovativen Ansatzes, in: Streetcorner 1/1995

KOCH, R.: Deeskalation der Gewalt. Erfahrungen aus Projekten mit gewaltbereiten Jugendlichen in Sachsen-Anhalt, in: OTTO/MERTEN 1993

KRAFELD, F.J. (Hrsg.): Akzeptierende Jugendarbeit mit rechten Jugendcliquen, BREMEN 1992

KRAFELD, F.J. u.a.: Praktische Erfahrungen mit sozialer und pädagogischer Arbeit in rechten Jugendszenen, in: KRAFELD u.a. 1993

KRAFELD, F.J.: Jugendarbeit in rechten Szenen, BREMEN 1993

DERS.: Jugendarbeit mit rechten Jugendszenen, 1993a, in: OTTO/MERTEN 1993

DERS.: Die Praxis Akzeptierender Jugendarbeit, Opladen 1996

DERS. (Hg.): Grundlagen-Reader: Konzeptionen in der Jugendarbeit, BREMEN 1994

KRAFELD, F.J./MÖLLER, K. und A. MÜLLER: Veränderungen in rechten Jugendszenen - Konsequenzen für die pädagogische Arbeit, in: deutsche jugend 7-8/1996

KREBS, W.: Ausbildung, Qualifizierung, Fortbildung, in: BECKER/SIMON 1995

DERS.: Zur Berufssituation von Streetworker/innen, in: Streetcorner 2/1990

LAUTMANN, R. (Hg.): Die Polizei, Opladen 1971

LEGGEWIE, C.: Jugend, Gewalt und Rechtsextremismus, in: OTTO/MERTEN 1993

LOOS, W: Die Einzelsupervision von „Beziehungsarbeitern", in: FATZER, G. (Hrsg.): Supervision und Beratung. Ein Handbuch, Köln 1991 (3. korr. Aufl.)

LUTZEBÄCK, E./SCHAAR, G./STORM, C./KRAFELD, F.J.: Mädchen in rechten Szenen - Erfahrungen aus der Praxis akzeptierender Jugendarbeit, in: deutsche jugend 12/1995

MAATSCH, B./Dutschke, H.: Qualitätsmerkmale von Streetwork: Vernetzung und Kooperation, in: Streetcorner 1/1996

MAIBACH, G.: Polizisten und Gewalt, Reinbek 1996.

MÖLLER, K.: „Jugendgewalt" und Rechtsextremismus. Ursachenanalysen und Reaktionsformen, 1993, in: OTTO/MERTEN 1993

DERS.: Rechte Jungs, 1993a, in: Neue Praxis 4/1993

MURCK, M. u.a.: Fremdenfeindliche Gewalt und die Rolle der Polizei, in: MURCK, M./SCHMALZL, H.P./ZIMMERMANN, H.-M. (Hrsg): Immer dazwischen, Fremdenfeindliche Gewalt und die Rolle der Polizei, Hilden, Rhld. 1993, S.11-51.

OLWEUS, D:: Gewalt in der Schule - Was wir wissen und was wir tun können - ein Handbuch, Kiel 1994 (hgg. von der Ministerin für Frauen, Bildung, Weiterbildung und Sport des Landes Schleswig-Holstein)

OTTO, H.-U./MERTEN, R.: Rechtsradikale Gewalt im vereinigten Deutschland, Opladen 1993

PAPESCH, W.: Schule und Gewalt, in: Die deutsche Schule, 1/1994

POSSELT, R.-E./SCHUMACHER, K.: Projekthandbuch: Gewalt und Rassismus, Mülheim/Ruhr 1993

DIES.: Projekthandbuch Rechtsextremismus, 6. Aufl., 1993a, Mülheim/Ruhr 1993

PREUSCHOFF, A./PREUSCHOFF, G.: Wir können etwas tun! Gegen Gewalt an Schulen, Köln 1994

PREUSCHOFF; G.: Weniger Gewalt- aber wie? In: Pädex 5/1993

SCHAFFRANEK, J.: Standards und Qualitätsmerkmale von Streetwork, in: Streetcorner 1/1996

DERS.: Selbstmanagement für StreetworkerInnen, 1996a, in: Streetcorner 1/1996

SCHERR, A.: Antirassistische Bildungsarbeit mit Hauptschülerinnen und Hauptschülern, in: deutsche jugend 7-8/1996

SCHIPPER, D.: Polizeirecht in Schleswig-Holstein, in: SCHIPPER, D. (Hrsg.): Stuttgart, München, Hannover 1989

SCHMIDTBAUER, W.: Die hilflosen Helfer. Über die seelische Problematik der helfenden Berufe, Reinbek 1977

SCHRÖDER, A.: Aufsuchende Jugendarbeit - ein methodisches Prinzip mit wachsender Bedeutung für viele Praxisfelder, in: deutsche jugend 1/1994

SCHUMANN, M./DITTMANN, A.: Veränderte Lebenslagen von Kindern und Jugendlichen - eine Herausforderung für die Offene Kinder- und Jugendarbeit, in: deutsche jugend H. 6/1996

SIMON, T.: Gesellschaftliche Rahmenbedingungen und fachliche Anforderungen für aufsuchende Formen der Sozial- und Jugendarbeit, in: BECKER/SIMON 1995

DERS.: Der Vernetzungsgedanke. Grundlagen für Einmischungsstrategien im kommunalen Bereich, 1995a, in: BECKER/SIMON 1995

STEFFAN, W. (Hg): Straßensozialarbeit - Eine Methode für heiße Praxisfelder, Weinheim/Basel 1989

DERS.: Rahmenbedingungen und arbeitsorganisatorische Fragen von Straßensozialarbeit, 1989a, in: DERS. 1989

DERS.: Beratung im lebensweltlichen Kontext: Grundorientierungen des Streetworkers, Kontaktaufnahme und Interaktionsablauf, 1989b, in: STEFAN 1989

STEINERT, H./KARAZMAN-MORAWETZ, I.: Gewalterfahrungen Jugendlicher, in: OTTO/MERTEN 1993

STÜRZBECHER, W.: Tatort Straße, Bergisch Gladbach, 2. Aufl. 1933

STÜWE, G.: Jugendcliquen im Kontext von Gewalt, in: OTTO/MERTEN 1993

SUTTER, M.: Freizeitverhalten der Schülerinnen und Schüler der Schulen in Eckernförde, FH Kiel, FB Sozialwesen, Kiel 1995

TABAKOVIC, P./RAPP, V.: Anlaufstelle für Probleme aller Art, in: Streetcorner 1/1995

THIELE, H.: Erlebnispädagogik, in: GREF/MENKE 1994

UTZMANN-KROMBHOLZ, H.: Rechtsextremismus und Gewalt: Affinitäten und Resistenzen von Mädchen und jungen Frauen, hrsg. v. Ministerium für die Gleichstellung von Frau und Mann des Landes Nordrhein-Westfalen, Düsseldorf 1994

VIRCHOW, F./WURR, R.: Rechtsextremismus und Gewalttendenzen in der Kieler Jugendszene, Kiel 1990

VODERBERG, C.: Straßensozialarbeit in Schleswig-Holstein, Diplomarbeit FH Kiel, FB Sozialwesen, Kiel 1996

VOß, S.: Akzeptierende Jugendarbeit. Zur Debatte um Straßensozialarbeit mit rechten Jugendlichen, in: BECKER/SIMON 1995

WAGNER, V.: „Drinking <TNT>, smoking Dynamite", in: GREF/MENZKE 1994

WEINGARDT, M./BÖHM, U.: Kooperation von Jugendarbeitern mit der Schule, in: deutsche jugend 12/1996

WENDT, P.-U.: Die Moderne, der Markt und die Jugendarbeit, in: deutsche jugend 2/1996

WICHERT, H.: Vernetzung und Kooperation unter praktischen und gesetzlichen Aspekten, in: Steetcorner 1/1996

WIEBEN; H.J.: Polizei und Sozialarbeit - Die Roillen müssen klar definiert sein, in: Deutsche Polizei 5/1994

WILLEMS, H.: Fremdenfeindliche Gewalt, Einstellungen, Täter, Konflikteskalation, Opladen 1993

DERS.: Gewalt und Fremdenfeindlichkeit, 1993a, in: OTTO/MERTEN 1993

WOLTERS; J.-M.: Erlebnisorientierter Sport mit gewalttätigen Jugendlichen, in: Zeitschrift für Erlebnispädagogik 9/1994

WURR, R. und TRABANDT, H.: Abweichendes Verhalten und sozialpädagogisches Handeln, Stuttgart/Berlin/Köln 1993 (3. Aufl.)

Zu den Verfassern

Prof. Dr. Rüdiger Wurr lehrt am Fachbereich Sozialwesen der Fachhochschule Kiel Soziologie und Sozialpädagogik. Praxisschwerpunk-te gegenwärtig: Rechtsextremismus, Gewalt, interkulturelle Sozialarbeit, Sinti und Roma. Forschungs-/Lehraufenthalte: Mazzara del Vallo, Sizilien, St. Petersburg, USA, Neubrandenburg.

Veröffentlichungen u.a.

* *Rüdiger Wurr*: Prinzen und ihre Mütter - Zwei Biographien zur Entwicklung vaterloser Kinder, Klett-Cotta 1985;
* *Henning Trabandt/Rüdiger Wurr:* Prävention in der sozialen Arbeit - Planung und Durchsetzung institutioneller Neuerungen, Westdeutscher Verlag 1989;
* *Fabian Virchow/Rüdiger Wurr*: Rechtsextremismus und Gewalttendenzen in der Kieler Jugendszene, Stadt Kiel 1990;
* *Rüdiger Wurr u.a.*: Türkische Kolonie im Wandel, Peter Lang 1992;
* *Rüdiger Wurr/Henning Trabandt*: Abweichendes Verhalten und sozialpädagogisches Handeln - Fallanalysen und Praxisperspektiven, Kohlhammer Verlag 1993 (3. überarb. Aufl.).

Irene Dittrich, Gymnasiallehrerin, seit 1991 in der Jugendhilfe, Berufsausbildung in überbetrieblichen Einrichtungen, tätig.

Veröffentlichungen zur Zeit- und Regionalgeschichte, u.a.:

* *Irene Dittrich*: Heimatgeschichtlicher Wegweiser zu Stätten des Widerstandes und der Verfolgung 1933 - 1945, Schleswig-Holstein, Bd. 1, VAS, Frankfurt/Main 1993.

Jochen Steffen, ein sensationeller Fund:

Die autobiographischen Skizzen des früheren SPD-Spitzenpoli-
tikers, Journalisten und Kabarettisten Jochen Steffen. Der *„Rote
Jochen"* war als Querdenker innerhalb und außerhalb der SPD
bekannt. Als langjähriger Oppositionsführer im Schleswig-Holsteinischen Landtag und stellvertretender Vorsitzender der SPD-
Grundwertekommision hat der Marxist Steffen es sich und anderen nicht leicht gemacht.

Steffen war Vollblut-Journalist und Kabarettist - stets hinterfragte
er bestehende Positionen. Seine legendäre Werftarbeitergestalt
„Kuddl Schnööf" und dessen gewitzte Gattin *„Natalje"* verbrei-
teten „dem Volk auf's Maul geschaut" keine Platitüden, sondern teils witzige, teils ernste Erkenntnisse.

In seiner Autobiographie, die leider Fragment blieb, schildert
Steffen seine Kindheit und Jugend auf dem Lande. Sein Studi-
um, sowie seine Assistentenzeit bei Prof. Freund am Seminar
für Wissenschaft und Geschichte der Politik an der Universität
in Kiel werden dort genauso beschrieben, wie seine Soldaten-
zeit im 2. Weltkrieg.

Die politische Entwicklung Steffens, einhergehend mit der gesellschaftlichen Situation der Nachkriegszeit bis hinein in die
70er-Jahre, bilden einen weiteren Schwerpunkt der „Personenbeschreibung"

Jochen Steffen
**Personenbeschreibung -Autobio-
graphische Skizzen eines streitba-
ren Sozialisten**

Gebunden, ca. 14 x 20 cm,
ca. 250 Seiten, ca. 40 Abb.
ca. DM 29,80
ISBN 3-931903-09-5

Von Pablo Neruda verehrt, von Edward Weston geliebt, von Anna Seghers geschätzt, von Diego Rivera gemalt.

Tina Modotti wurde in Udine/Italien in armen Verhältnissen geboren, folgte ihrem Vater in die USA und lernte dort Edward Weston kennen. Lange Zeit lebte sie in Mexiko. Dort entstanden viele ihrer weltbekannten bahnbrechenden Photographien.

In den 30er Jahren hielt sie sich auch längere Zeit in Berlin und Moskau auf. Pablo Neruda berichtet: *„Eines Tages warf sie ihre Kamera in die Moskwa: Das Leben als Künstlerin und als Revolutionärin schien ihr unvereinbar."* Sie engagierte sich in der Internationalen Roten Hilfe u.a. im spanischen Bürgerkrieg, bevor sie nach Mexiko zurückkehrte. Im Alter von 45 Jahren erlag sie einem Herzanfall.

Christiane Barckhausen
**Auf den Spuren von
Tina Modotti**

Broschur, 14 x 20 cm, 448 S.
DM 38; öSch 277,40; sFr 35.-
ISBN 3-931903-01-X

„Es ist fast unmöglich, sich dem Sog zu entziehen, den die Photographin Tina Modotti mit Ruhe und Kraft auf den Betrachter ausübt." (Der Spiegel)

Nach dem großen Erfolg: Die Modotti-Biographie von Christiane Barckhausen jetzt als Luxusausgabe. *Auf den Spuren von Tina Modotti* als gebundene Ausgabe mit Lesebänd-chen, in limitierter & numerierter Auflage. Ein Photo des Motivs Frau mit Fahne ist beigelegt. Jeder Band ist von Christiane Barckhausen signiert.

DM 58,-; öSch 423,40; sFr 52.50
ISBN 3-931903-08-7

Auch Tina Modotti hat, ohne den Anspruch auf Authentizität aufzugeben, Kunst geschaffen, weil es ihr gelang, die Wirklichkeit nicht nur abzubilden, sondern in Sinnbilder zu verwandeln. " (FR)

**Tina Modotti –
Leben • Werk • Schriften**
Hrsg. Christiane Barckhausen

Broschur, 21 x 28 cm, 112 S.
DM 30,-; öSch 219,-; sFr 27.50
ISBN 3-931903-02-8

Ihre Fotos kennen viele. Kaum einer weiß, daß sie zu den teuersten der Welt gehören.
Und wer war Tina Modotti?

Zum 100. Geburtstag Tina Modottis erschien unser Katalog. Er enthält über 60 zum Teil ganzseitige, Fotos. Ergänzt wird er durch bislang unveröffentlichte Schriften und Dokumente der Revolutionärin und Photographin, die eine der faszinierendsten Persönlichkeiten unseres Jahrhunderts war. Ihr Geburtstag war und ist weltweit der Anlaß für Ausstellungen u.a. in Wien, Amsterdam, Paris, Brüssel, München, Frankfurt Stuttgart und San Francisco.

„Über diese Frau wird nicht geforscht. Sie führte ein unmoralisches Leben." (Bürgermeister von Udine)

Christiane Barckhausen ist Leiterin des Berliner Modotti-Archivs. Weltweit gilt sie als führende Modotti-Expertin. Nach 1990 arbeitete sie in den inzwischen geöffneten Archiven der Kommunistischen Internationalen und der Internationalen Roten Hilfe in Moskau. Der Katalog und die aktualisierte Biographie dokumentieren die Forschungsergebnisse. Zuletzt arbeitete Christiane Barckhausen an der Übersetzung des Modotti-Romans *"Tinissima"* der mexikanischen Autorin Elena Poniatowska.

„Kuddl Schnööf & sein Natalje - olle Kamellen un noch nich in Büchers gepreßtes"

Ausgewählte, zum Teil noch nicht veröffentlichte Geschichten

zum 75. Geburtstag von Jochen Steffen

„Öih, Macker", so beginnen viele Geschichten des Werftarbeiters Kuddl Schnööf und seiner zu allen Fragen eine kritische Haltung entwickelnde Frau Natalje.

Sie handeln z.B. *„Vonnie Studentenrevolutschon"*, *„Vonnen Pahteitach"* und *„Vonnie Generallienje"* und sind im „Missingsch" geschrieben, der Alltagssprache der „kleinen Leute".

Es geht um „hohe" Politik genauso wie um Alltägliches, um Sport, um Kunst und um die „norddeutsche Mentalität".

Jochen Steffen, dessen Kuddl-Schnööf-Geschichten in den 60er- und 70er-Jahren schon einmal ein Riesenerfolg waren, äußert sich zu (fast) allem.

Mit listiger (und lustiger) Dialektik klopft der „Rote Jochen" wackelige Stellen unserer gesellschaftlichen Wirklichkeit ab.

„Kuddl Schnööf", *„sein Natalje"* und *„der Macker"* beleuchten mit Sprachwitz und Ironie den politischen Alltag. Häufig schließen die Geschichten mit *„Nu komms Du"*...

Vonnie Studentenrevolutschon

Öih, Macker! Hassu ma versucht, ein Kleintranspoht für Möbels zu ogganisiän? Nich? Abers ich. Du, ich kann blots sagen, mich un mein Natalie is da einiges bei klah geworn, wassa so los is ...

Ich ruf asso an bei das Studentenwähk. Nach den drütten oder vierten Vesuch kriech ich schon ein vonnie Mackers annie Strippe. Ihn wa fuchbah nett un sacht, dassie das bannich hilt ham. Sie müssen alle Nääsdrüppel lang Goh-un-inntietschen von wegen Streik un so, indem sie das Bannä vonnen Klassenkamff annie Unität entfalten wolln. *Nu komms du!* ...

An besachtem Tach as sochchen komp gegen elf Uäh sonn Jichtlink mit seine Freundin an un fracht, wo das Klawiä steht. Wahn bannich nett, die beiden. Ich frach, ob sie die Möbels auffen Ass nach Unaffen schleppen wolln. Sund hunnät Kilometers. Das wollten sie nicht. Sie harn sich enschullicht, weil sie das so hilt ham, indem sie das Bannä vonnen Klassenkamff... un so ...

Den Fahrer mitten Kleintranspohtä kam schon kurz nach zehn. Ohne Packers bei. Hat sich enschullich, indem sie das so bannich hilt harn indem sie das Bannä... un so weitä, un so weitä. Ich hab denn mit meine vonnie kaptalissiche Profitgiäh ausgelauchten Knochen die Möbels mitgeschlepp. Indem die annern Studenten mit das Bannäentfalten zu kriegen hatten ...

Mackers, wenn wiä ma ne Revolutschon brauchen sollten, mit die komp se nich. Da muss du denn, wie bei die Möbels, schon selbst mit bei.